がんばりすぎない！ 発達障害の子ども支援

加藤博之
KATO Hiroyuki

青弓社

がんばりすぎない！発達障害の子ども支援　目次

第2章　子育てで大切なことをエピソードから学ぶ　56

第3章 子ども自身の悩みに答える

4——生活・学習 120

第4章

子どもを取り巻く環境について答える

装丁——ナカグログラフ［黒瀬章夫］

はじめに

ここ最近、発達障害ということばをよく耳にします。発達障害については、「自閉スペクトラム症」ということばにもあるように、障害自体が「スペクトラム（連続体）」であり、その人にどれくらい「発達障害」の傾向があるか、という「濃淡」の問題と捉えられます。

発達障害の子どもには一般的な子育てや教育がなかなか通用せず、お手上げになるケースが少なくありません。それは、教師にとっては衝撃的な出来事です。それまで積み上げてきた指導法が見事に崩れ去ってしまうわけですから……。いま学校現場を見渡すと、メンタルの不調を訴える教師が増えています。その理由の一つとして、発達障害の子どもにうまく対応できないことが考えられます。親も同じような悩みを抱えています。では、そうした子どもの実態はどのようなものなのでしょうか。

発達障害の子どもには、面白いところがたくさんあります。クイズの答えを考えている最中に机の周りをグルグルと回って突然立ち止まり「わかった」と手を打つ様子に、思わず「お見事」と口から漏れてしまいます。あるいは、トランプで「7ならべ」をしながら、両隣の子の手札をチラチラ見ては自分が出す札を決めている子。バレているのに「何も見てないよ」という顔で満足そうです。そういう姿を見ていると、本当に自由奔放に生きている様子が伝わってきます。こんなに面白く、人間の本性のようなものを感じさせてくれる子どもがほかにいるでしょうか。

私たちは、そんなに必死になってがんばらなくてもいいのです。そういう子だと認め、肩の力を抜いてリラックスしたほうが、よほど子どもとうまく関わることができるのです。もちろん、発達障害の基本情報を知り、なぜ自分の関わり方が通用しないのかを学び続けることは重要です。それでも、そんなに焦る必要はありません。

このような考えのもと、本書ではまず発達障害の特性をおおまかに捉え、そのうえで多くの大人が経験する身近なケースについて考えます。そして次に、子どもの行動面や環境面への疑問にQ＆A形式で具体的に答えています。さらに、発達障害の子どもがどのように育っていくのかを長期間にわたって観察した結果をまとめ、うまくいったことと難しかったことを事例として示します。

本来、発達障害の子どもを理解することは容易ではありません。少しわかったという人が、いちばんわかっていないことがよくあります。だからこそ、まずは彼らのネガティブな面に惑わされず、いい面を見る習慣を身につけること。そして、理屈一辺倒ではなく、実践例から見えてきた様々な知見を吸収していくこと。それによって、本当に役立つ子ども理解と関わり方を身につけていくことができるでしょう。本書によって、誠実でユーモアあふれる発達障害の専門家の第一歩を目指していただければと考えます。

最後に、『音楽療法士になろう!』(二〇〇七年)、『障がい児の子育てサポート法』(二〇一三年)(どちらも藤江美香との共著)に続いて本書の出版を勧めてくださり、企画の段階から励ましと的確な助言をいただいた青弓社の矢野恵二さんに心から感謝を申し上げます。

第１章　子どもと関わる際に知っておきたいこと

１――発達障害とは何か

≫１―１　発達障害とは……

みなさんの周りに次のようなタイプの子どもはいませんか？

「全然じっとしておらず、大声を出したり、走り回ったりする」

「運動が苦手で手先も不器用」

「人に触られることをいやがる」

「苦手な音や場所がある」

「すぐ友達に乱暴をする」

「かんしゃくがひどく、よくパニックを起こす」

「いつもひとりぼっちでいる」
「目がなかなか合わない」
「一方的に話し、会話が成立しない」
「勝ち負けにこだわり、負けるとかんしゃくを起こす」
「食事の好き嫌いがとても激しい」
「整理整頓が苦手で、部屋はいつも散らかっている」
「文字の読み書き、計算が苦手」
「文章を読むことが難しい」

このような行動は、多くの子どもに見られるものです。しかし、発達障害の子どもの場合、その頻度や度合いが圧倒的であり、どのような場面でも「手に余る」という特徴があります。そもそも「発達障害」とは何でしょうか。最近多くのメディアで目や耳にするこのことばは、多くの人たちにとって、もはや他人事ではなくなっているのかもしれません。断片的に入ってくる様々な情報から、「自分ももしかしたら……」と考える人も少なくないでしょう。

「発達障害」の内容は、時代によって変わってきています。例えば、以前は自閉症といわれるものには「アスペルガー症候群」「広汎性発達障害」「高機能自閉症」などが含まれていました。しかし、最新の診断基準（ＤＳＭ―５）（アメリカ精神医学会が二〇一三年に作成した「精神疾患の診断・統計マニュアル」の第五版〔American Psychiatric Association 編、日本精神神経学会日本語版用語監修『ＤＳＭ―５精神疾患の診断・統計マニュアル』髙橋三郎／大野裕監訳、染矢俊幸／神庭重信／尾崎紀夫／三村將

／村井俊哉訳、医学書院、二〇一四年）」では、自閉症については「自閉スペクトラム症／自閉症スペクトラム障害（ＡＳＤ）」と一元化され、発達障害は、数種類の障害をまとめた総称になっています。

障害というと、どうしても偏見や差別の対象になりがちです。それは、障害名と特性の関係があやふやなため、一般の人からみて、ＡＳＤなどの名前を聞いてもよくわからないということが背景にあると考えられます。人はわからないことに対して、不安を抱きやすいのです。そうならないために、ＤＳＭ―５の区分では、本人の特性により合った区分に変わってきているものと考えられ、今後もさらに変わっていくことが予想されます。

《代表的な発達障害》
◎注意欠如・多動症（ＡＤＨＤ）
◎自閉スペクトラム症（ＡＳＤ）
◎学習障害（ＬＤ）
◎発達性協調運動症（ＤＣＤ）
◎ことばの障害（吃音、構音障害）
◎チック症　など

発達障害とは、発達障害者支援法で「自閉症、アスペルガー症候群その他の広汎性発達障害、学習障害、注意欠陥多動性障害その他これに類する脳機能の障害であってその症状が通常低年齢において発現するものとして政令で定めるもの」と定義されています。発達障害は「脳の働き方に偏りがあり、物事のとらえ方や行動に目立った違いが現れ、そのことで日常生活に困難が生じる状態」（田中哲／藤原里美監修『発達障害のある子を理解して育てる本』〔ヒューマンケアブックス〕、学研プラス、二〇一五年、一八ページ）ということができます。この場合、「日常生活に困難が生じる状態」という点が大きな問題になってきます。

≫1―2 心配する大人たち

前項の発達障害の子どもに見られる行動の例を、みなさんはどう思われますか？　このような様子を見れば、当然周囲の大人は戸惑い、心配することでしょう。そして、何とかその状態を改善しようと一生懸命に対応するでしょう。戸惑うのは大人だけではありません。周りの子どもたちも、場合によってはその子に手を出されたり、物を壊されたりと、いろいろな影響を受けることになります。つまり、行動を起こす本人よりも、周りの人たちが困ってしまうというのが実際のところなのです。

その一方で、発達障害の子ども本人はいろいろな行動についてさほど「まずい」と感じることはありません。特性から生じる問題行動ですから、決してわざとやっているわけではないのです。問題行動をとり続ける本人と、それに翻弄される周りの人たち……。幼児期から小学生の時期にわたって、このような構図ができあがってきます。

ここで、子どもを心配する大人たちは、いろいろな対策を練り始めます。一つひとつの行動に細かく注意することもあれば、ことば（理屈）で言い聞かせることもあるでしょう。また、場合によってはあちこちの専門家を渡り歩くケースも見られます。それだけ、子どもの将来を不安視しているわけで、子どもが発達障害だとわかると、多くの親が早期療育と早期教育こそが有効だと考え、どんどんのめり込んでしまうのです。

しかし、ここで問題が生じてきます。それは、「何とかしなければ」という思いが知らず知らずのうちに巨大化してしまうことです。いまの状態（発達障害の特性）ではまずいから、問題になる行動を改善して普通（定型発達）の子どもに近づけたいという思いが日に日に強くなっていくのです。そして、その思いはやがて暗黙のプレッシャーになって子どもにひしひしと伝わっていきます。

プレッシャーのなかにいると、いまの自分は認めてもらえず、今後いい方向に変わっていく（予定の）自分だけを求められることになってしまいます。それは、「いまの自分」「本来の自分」に共感してもらえず、信頼関係を作ろうともしてもらえない、ということを意味します。そもそも信頼関係とは、相手と肯定的な気持ちを共感することにほかなりません。共感ができない状態が、子どもの育ちにとってどれほどマイナスになるか。このことこそが、発達障害の子育てできわめて危惧されるものなのです。

発達障害の子どもにとって最もいい環境とは、「大好きな人と思い切り楽しいことをおこなうこと」です。おそらく、それ以上の良薬はないでしょう。それは、いまの自分を否定するのではなく、肯定するところからスタートします。だからこそ、子ども本来の姿を大切にしながら、ほんの少しだけ、いまの課題に対応していくという、柔らかいアプローチが求められるのです。

1―3 特性は変わることはあっても、なくならない

発達障害の特性は、障害種によって違いはあるものの、だいたいが乳幼児期から見られるようになります。その特性は生まれつきであり、親の育て方が原因になることはありません。ただし、育て方や療育、教育などの環境によって、特性が多少柔らかくなったり目立たなくなったりすることはあります。

症状が目立たなくなるということは、障害の特性が緩和され、多少改善されることを意味します。例えば、ＡＤＨＤの場合、幼いころ動き回っていた子どもが小学校高学年ごろになると、徐々に動きが減ってくることがあります。これは、多動という特性が緩和されたと考えられます。しかし、多動は減少しても、そのかわりに何となく体のあちこちが動いていたり、落ち着きがなかったりという特徴が残るケースがあります。

ということは、どのような環境に育とうとも、多少症状が変わることはあっても、根底には特性が残ることになります。この場合、それがどれくらい残っているか、という量的なことが問題になってきます。量が多ければ多いほど発達障害としての特性も強くなり、量が少なければ、一般の人たちとさほど差がない生活を送ることができるでしょう。その意味では、量的にだんだんと少なくなっていくことが理想的といえるのかもしれません。

1―4　幼児期は目立ったほうがいい

幼児期に症状があまり見られないと、周りの人から「普通の子ども」と思われることが多くなります。そうすると、適切なサポートを受けられないまま成長し、大人になることになります。それは望ましくありません。幼いころから、何らかのネガティブな行動、目立つ行動をとっていると、周囲も適切に関わろうとし、結果的に多くの支援を受けることになります。つまり、発達障害の特性が目立つ子どものほうが、功を奏することもあるわけです。

そのため、幼児期はたとえ軽微な症状であっても、そのつど、その子どもに合ったサポートを提供することが重要になってきます。何もしなければ、特性はずっと残ることになり、場合によっては、それがだんだん強化され、複雑化することさえあるのです。

1―5　本人が「困り感」を感じているか

発達障害の子どもは、中学生以降になると、だんだん自分自身のことを意識する（自分を客観視する）ようになってきます。すると、小学校のころから抱えていた「困り感」（いやな思いや苦しい思いをしながらも、それを自分だけではうまく解決できず、どうしていいかわからない状態にあるときに、本人自身が抱く感覚のこと）を自分のこととして受け止めるようになるのです。例えば、自分は人の気持ちが読み取れず、友達としょっちゅうトラブルになったり、周りから注意ばかり受けたりする……。それは、どうしてなんだろうと考えるようになるのです。そして、理由はわからなくても、

「こういうところはこうしていこう」と行動を修正できるようになってきます。

この「困り感」は、とても個人的な意味合いが強いものです。特に思春期以降になると、多少の困難が生じても、本人が「困り感」を感じていなければ、それは大きな問題にはなりにくいでしょう。例えば、「いつもひとりぼっちでいる」というのは、周りから見て心配だと思われても、本人が何とも思っていなければ、それは「困り感」にはなりません。べつに無理をして友達を作ろうとしなくてもいいわけです。言い換えれば、発達障害という特性があり、それが多大な「困り感」につながり、生活に大いに支障をきたす場合にだけ、発達障害は問題になるといえるでしょう。

このように、発達障害は、いろいろな意味で理解が難しいところがあります。本人が生きづらさを感じ、周囲もどう関わっていいのかわからない……。多くの場合はそういう状況に陥りますから、早めに適切な対応をとることが必要です。その際、サポートの仕方が問題になってきます。ただがむしゃらに対応すればいいというものではありません。やたら注意や叱責ばかりしていると、不安障害やうつ、家庭内暴力、不登校などの二次障害につながることも少なくありません。だからこそ、その子どもに合ったことを、適量で、やんわりと、タイミングよくおこなう必要があります。それは具体的にどういうことなのか。それを知ることが、私たち大人に求められるのです。

まずは発達障害の子どもを詳しく知り、適切な対応を考えていくことを目指します。その際、発達障害のタイプによって、実際にどのような困難が生じるのか。主な障害三つ（ADHD、ASD、LD）に発達性協調運動症（DCD）を加え、以下に具体的に説明していきます。

2——注意欠如・多動症(ADHD)

2—1　ADHDの基本情報

注意欠如・多動症（ADHD）は、わかりやすくいえば「落ち着きがない」「そそっかしい」「ミスばっかりする」という症状を示します。知的な遅れはなく、通常のクラス（小学校）に一人二人はいるといわれています。幼児期は動きの多さが目立ちますが、成人になると多動性は減り、そそっかしさが残るケースが見られます。とにかくADHDの子どもは行動がとても目立つので、周りの大人が関わる割合はどうしても増えていってしまいます。

ADHDの基本症状は、①不注意、②多動性・衝動性です。

①不注意

忘れ物が多かったり、すぐに物をなくしたりすることがよく見られます。とにかく、うっかりミスが多く、人の話も聞いているようで聞いていないことが多いのが特徴です。一つのことに注意を向けることが苦手なため、しょっちゅう気が散ってしまいます。例えば、おもちゃで遊んでいてもすぐに飽きてしまい、次から次へとおもちゃを引っ張り出すことになります。

ほかにも、次のような様子が見られます。

・作業を順序立てて進めることが難しい（要領が悪い）。
・身支度をするのに時間がかかる。
・身だしなみを気にしない。
・集中が難しく、少し遊んでは、すぐに別の遊びに移ってしまう。
・出したものをなかなか片づけられない。
・上の空でボーッとしていることが多い。
・集団行動に遅れることが多い。
・約束をよく忘れる。
・テストの問題をやり残してしまう。
・文字の書き間違いが多い。

②多動性・衝動性

多動性は、周囲から見て最も目立つ特性です。じっとしていることが苦手で、授業中に立ち歩いたり、座っていても手足を動かしたりなど、とにかく落ち着きのなさが顕著に見られます。友達や大人が「ちゃんと座っていなよ」などとことばで制すれば、ますますその行動は増えていってしまいます。それは、ことばという刺激にも敏感に反応してしまうからです。

もう一つ、大きな特徴として、衝動性が挙げられます。思いついたらすぐに行動に移してしまう……。後先考えずに動くので、周りの人はヒヤヒヤすることしきりです。そのため、ケガなどの不慮の事故が発生する割合も、定型発達の子どもよりもはるかに高くなっています。

ほかにも、次のような様子が見られます。

- 授業中、椅子に座り続けているのが難しい（座っていても、手や足、体が動いてしまう）。
- 目についたもの（おもちゃなど）を次々に取り出す。
- シャープペンシルを持つと、ずっとカチカチしてしまう（ペンをくるくる回す）。
- 何か思いつくと突然走りだす。
- ちょっとしたことですぐにキレる（すぐに手が出る）。
- おしゃべりが止まらない（人の話に割り込んでくる）。
- 待つことができない（順番を守らない）。

2—2　幼児期に多く見られる落ち着きのなさ

ＡＤＨＤの主な症状のうち、落ち着きのなさ（多動性）や衝動的な振る舞いは、特に幼児期から児童期にかけて多く見られます。もちろん、これらの行動は定型発達の子どもにも見られますが、ＡＤＨＤの子どもの場合、その症状がより顕著に現れるところに特徴があります。例えば、一定の場所に留まらず、あちこち歩き回る様子が頻繁に見られます。また、幼稚園などで、周りの子どもにすぐ手を出すなど、乱暴をはたらく子どももいます。このようなタイプの子どもはがまんすることが苦手なため、ちょっとでも自分の思いどおりにならないとすぐにかんしゃくを起こしてしまいます。落ち着きがない、かんしゃくを起こしやすいなどの症状が誰の目から見ても明らかなのが、ＡＤＨＤの特徴です。

幼児期とはいえ、ＡＤＨＤの症状が頻繁に見られると、幼稚園や保育所での集団行動が難しくなってきます。その場合、しょっちゅう注意をされたり、ほかの子どもから場を離されたりするなど、大人に保護されながらの参加になることがあります。どうしても「手がかかる子ども」と思われてしまい、「親がきちんとしつけていないのでは……」と誤解が生じやすくなってしまいます。しかし、それは全く違います。ＡＤＨＤは生まれながらの障害ですから、環境や親の育て方の問題ではないということをしっかり理解しておきましょう。

衝動性については、特に注意が必要です。遊園地で迷子になったり、道路で急に飛び出したり、高いところから飛び降りたりと、事故やケガにつながることが大いに考えられるからです。なかには、ジェットコースターに乗っているとき、目の前にチョウが飛んできて、それを捕まえようと飛び降りたというケースさえあるのです。

2―3　大人になると目立ってくる不注意

多動性や衝動性は、年齢とともに徐々に減ってくることがわかっています。おおよそ小学校の高学年くらいになると、目に見えて減ってきます。しかし、そのあともずっと続くのが「不注意」です。例えば、仕事の場面でしょっちゅうミスをするなどがそれにあたります。大人になると、子どものころのように「大目に見てもらう」ことが難しくなり、大人のADHDはそのまま本人の生きづらさにつながっていきます。うっかりミスだけでなく、予定を忘れたり、会議の内容をよく聞いていなかったり、仕事の手順を飛ばしてしまうなどが頻繁に起こると、上司や同僚との人間関係はどんどん悪くなってしまいます。

2—4　ADHDにどのように対応していくか

このようなADHDの特性について、いくつかの対応策が考えられます。具体的には以下のようなサポートをおこなっていくといいでしょう。

①すっきりとした環境を作る

これは、刺激をできるだけ整理するということです。例えば、食事のときはテレビをつけない、学校の座席はできるだけ前（端っこ）にしてもらう、学習机の上には物をごちゃごちゃ置かない、部屋にポスターなどをたくさん張らない、周りの人はあまり大きな声で話さない、次から次へと話をしない、などを徹底しておこなっていきます。

②発散する場面をたくさん設ける

ただでさえエネルギーがたまっているわけですから、体を使った遊びを取り入れていくといいでしょう。好きな人とたくさん体を動かし、大いに笑うような活動が最も効果的です。体も気持ちも十分に発散させるわけです。じっとしている時間を減らし、手伝いをしてもらう（例えば「〜を保健室に持っていって」と頼む）など、動きがある時間を意図的に作っていきます。

③感情的に叱らないようにする

一見すると、ふざけていたり怠けていたりするようですが、決してそうではありません。それは特性だと考え、できるだけ叱らないようにします。叱ってばかりいると、不登校や不安障害など、二次障害を生じさせてしまう恐れがあります。関わる大人は、常に気持ちを安定させ、穏やかに接することが大切です。注意をする際は、例えば廊下を走ったときに「走っちゃダメ」ではなく「ゆっくり歩こうね」と言うといいでしょう。できたことは大いに褒め、自己肯定感を高めていくことがとても大切です。

④少しだけ、やさしい活動を提供する

一見さぼっているように思われがちなために、「やればできる」「もっとがんばれ」と努力を促されることが多いのがＡＤＨＤの子どもです。しかし、実際にはアップアップの状態で、できないことがどんどんたまっていくことが多いようです（夏休みの宿題をなかなかやらない、など）。そのため、宿題の量を少し減らしてもらったり、学習レベルを少し下げてもらったりするなど、学校側に適切な配慮をお願いするといいでしょう。

⑤いろいろな運動をおこなう

ＡＤＨＤに有効な運動はたくさんあります。例えば、固有感覚（関節への刺激）や前庭感覚（揺れ）にはたらきかける運動（トランポリンなど）、ボディーイメージを高める運動（ゴムひもをまたいだり、くぐったりする）、バランスをとる運動（片足立ち、片足ケンケン、など）、ゆっくりとした動作（リトミックでゾウさんを演じる、など）、緊張を緩める運動（いろいろなストレッチ）などです。これらを日常的に取り入れていくといいでしょう。

いかがでしょうか。ＡＤＨＤの子どもは、何もできないわけではありません。ルーズに見えて、得意なことは案外ほかの人よりも上手におこなうことが多いのです。なかには、とても優れた才能をもっている子どももいます。何でもまんべんなく求めるのではなく、よさをつぶさないようにすることが、大人の大切な役割といえるでしょう。

いずれにせよ、子どもに過度な期待などせず、もっている実力よりも少し下の課題を緩やかに提供していくことが大切です。むやみに努力をさせること、がんばらせることはあまりしないほうがいいのです。特に、苦手なことはこの先もずっと苦手ですから、何とか克服させようという努力は極力避けたほうがいいでしょう。このように、いろいろなアンバランスさをもっていることが発達障害の特徴なのです。

3――自閉スペクトラム症(ASD)

≫3―1　ASDの基本情報

「自閉」ということばを聞くと「心を閉ざしている」とイメージしてしまいがちですが、実際にはそれとは大きな開きがあります。対人関係の苦手さはあっても、「閉ざす」どころかどんどん相手の領域に入ってくる子どもも少なくありません。

自閉スペクトラム症（ASD）は、「柔軟性がない」「興味が狭い」「知識が偏っている」「予定の変更ができない」「情報処理が苦手」「コミュニケーションが苦手」などの特徴があります。融通がきかないということは、裏返せば「まじめ」ということでもあります。多くは三歳以前に症状が見られるようになり、早ければ一歳半ごろに診断を受けることもあります。診断の時期が早ければ、早期の療育や支援が可能になり、結果的に子どもの状態を大きく変えることにつながります。

幼児期にASDかどうか知るためには、例えば以下の行動を見るといいでしょう。

・アイコンタクト（目を合わせる）ができるか。
・「あ、ひこうきとんでる、お母さん、みてみて」などと言うか。
・「お母さん、きょう幼稚園で、こんなことがあったよ」などと言うか。

どれも、人（相手）を意識した行動であり、定型発達の子どもであれば、日常的におこなっているやりとりです。つまり、人との関係性のなかで育っているかどうかを見れば、その子の様子がわかってくるわけです。

ＡＳＤの有病率は一・五％程度といわれていますが、その割合は近年増加傾向にあるといわれています。また、知的障害を伴うケースが五〇％から七〇％と多く見られ、知的に遅れがある場合とそうでない場合では、対応が少なからず変わってきます。

ＡＳＤの基本症状は、①臨機応変な対人関係が苦手、②こだわりが強い、です。

①臨機応変な対人関係が苦手

幼児期に、お母さんになかなか懐かない、親の後追いをしない、人見知りをしない、一人遊びばかりしている、ごっこ遊びをしないなどの特徴があります。ことばによるコミュニケーションが苦手ですが、ことばを使わないコミュニケーション（身ぶり、視線、表情、姿勢、指さし、場の雰囲気を読む、など）も苦手です。抑揚が不自然で、まるで文章を棒読みしているかのような独特な言葉遣いも特徴の一つです。

相手の気持ちを読み取ること（マインドリーディング）が苦手なため、対人関係のトラブルが生じやすくなります。相手が急に怒ってきても、なぜそうなったかがわからず、適切な対応ができないため、ますます関係が悪化するということがあります。

ほかにも、次のような様子が見られます。

・話がかみ合わなくて一方的に話す。
・ことばによる指示が理解できない。
・例え話が通じない。
・名前を呼んでも振り向かない。
・友達の名前を覚えない。
・冗談がわからず、ことばどおりに受け取ってしまう（結果的にトラブルになる）。
・相手のことばをそのまま繰り返す（エコラリア＝反響言語）。
・集団のルールを守ったり、相手に合わせて行動したりすることが難しい。
・感情をうまく表現できないため、何を考えているのかがわかりづらい。

②こだわりが強い

対人関係の難しさと並ぶもう一つの特徴に「こだわり行動」があります。「こだわり行動」とは、興味の範囲が狭く、自分の関心事を最優先させるということです。こだわりの対象はいろいろありますが、例えば、道順や手順、スケジュール、特定の物（衣服や持ち物など）に強い興味を示します。幼児期には、ミニカーなどをきちんと一列に並べたり、置き方に一定の法則をもたせたりします。ちなみに、こだわりは記憶力のよさとも関連していて、つまりは、覚えるとなかなか忘れることができないということが影響しているわけです。

また、特定の感覚が極端に敏感だったり、逆に鈍感だったりという特徴も見られます。過敏さに関しては、楽器遊びの際に金属系の楽器を触れない、特定の材質の肌着が着られない、シャツのタグを極端にいやがる、髪の毛をブラシでとかすことが苦手、歯ブラシで歯磨きをすることをいやがる、などのケースが見られます。逆に、熱湯に手を入れても熱がらないというような鈍感なところもあります。感覚については触覚だけでなく、聴覚や嗅覚、味覚などの過敏さもあるため、必然的に日常生活のなかで生きづらさを感じる場面が多くなってきます。

ほかにも、次のような様子が見られます。

- 抱っこをいやがる（身体を反らす）。
- 換気扇やドアの開閉をいつまでも眺めている。
- 白いもの（白米、豆腐など）しか食べないなど、食事のこだわりがある（偏食が激しい）。
- 半袖（または長袖）の服しか着ない。
- あちこちで匂いをかぐ。
- 蛍光灯などの光のちらつきが苦手（逆に好きなこともある）。
- 跳んだり、回ったり、手をひらひらさせるなどの行動が見られる（常同行動）。
- 細かい作業が苦手で不器用。

3―2　幼児期から見られる関わりづらさ

ＡＳＤの子どもは触覚防衛が強い（触られることへの防衛が強い）ため、スキンシップをいやがります。そのため、赤ちゃんのころの抱っこや幼児期の身体遊びを拒否する場面が多くなります。また、表情が乏しく、笑わないという面もあるため、保護者からすると「何か通じ合わない」と感じてしまいます。ほかにも、聴覚や味覚などに過敏なため、そうじ機やドライヤーの音、家のインターホン、救急車のサイレン、子どもの泣き声などに対して「ギャー」と叫んだり、いろいろ混ざった食べ物に強い拒否を示したりします。

このように、幼児期のＡＳＤの子どもは過敏性が強く、人との接点がもちにくいため、本来親子で作っていくべき関係性が成り立ちにくく、親は「このような子育てでいいのか」と悩むことになってしまいます。なぜか育てにくいのです。そのため、親はなかなか子どもに愛着がもてず、気になる行動ばかりに目が向いてしまうという悪循環に陥ってしまいます。結局、ＡＳＤの子どもをもつ親は、親としての役割を果たしにくい日々が続いてしまいます。

3―3　学齢期以降になって生じる問題

幼児期を過ぎ、学齢期に入ったＡＳＤの子どもは、学校という場でいろいろと生きづらさを経験します。例えば、多くのＡＳＤの子どもは姿勢を保持することが苦手です。授業中に先生の話を聞くときに、姿勢が崩れてしまうのです。すると先生から注意を受けることになるものの、それでもなかなか改善されないという事態が生じます。多くの人は、「姿勢が悪い子」イコール「授業をちゃんと聞いていない子」と思ってしまいます。しかし、実際にはそんなことはありません。ＡＳＤの子どもは、一度にいろいろなことをやることが苦手なので、姿勢を保持しながら話もよく聞くことが難しいのです。姿勢が崩れているほうが話をよく聞いている子もたくさんいます。このような誤解がいろいろな場面で発生することになります。

小学校の低学年（六―九歳）になると、定型発達の子どもには「他者視点」（人の気持ちを読み取る力）が育ってきます。他児の様子を見ながら、自分の行動をコントロールするようになるのです。しかし、ＡＳＤの特性が強いと、「他者視点」をもつことが難しいため、周りの状況がよくわからず、集団からはみ出してしまうことがあります。学校生活がうまくいかなくなってしまうのです。その半面、ＡＳＤの特性があまり強くないと、逆に小学校の低学年くらいにはＡＳＤらしさが目立たないこともあります。目立たないとそのままスルーされることになり、本人はストレスをため込んでしまい、あとから問題になることも少なくありません。このように、ＡＳＤの特性は周りから見て、とてもわかりづらいのが特徴です。

3―4　ＡＳＤにどのように対応していくか

ＡＳＤに対して「具体的な対応策を教えてほしい」という質問をよくされます。しかし、実際のところ、そのような質問にすぐに答えることなどできるのでしょうか。事態はそれほど簡単ではないということを、私たちは知る必要があります。方法は一つではないし、関わる大人によっても、やり方は当然違ってきます。何よりも、周りの意見だけでなく、本人が何に困っているのかを知らなければ、本当の意味での問題解決にはなりません。

そうしたことを踏まえたうえで、以下のようなサポートをおこなうといいでしょう。

①まずは大人と関係を作る

小学校の中学年ごろ（九、十歳）までは、大人との関係づくりを重視しましょう。友達との関係も大事ですが、その前に大人とやりとりの練習をすることが必要です。相手の気持ちに共感する、相手と一体感をもつということは、子ども同士で学ぶのはなかなか難しいでしょう。大人の十分な配慮のもと、コミュニケーションを図っていくなかで、子どもは徐々に社会性を学ぶことができるのです。もし、子どもが共感する力が弱ければ、大人のほうがその子に共感すればいいのです。また、何か困ったときに大人に相談できるようになれば、やりとりはより深まっていくでしょう。

②厳しく育てないようにする

ＡＳＤの子どもは、自分を客観視することが難しく、また情報処理が苦手なため、よくわからない世界に生きています。つまり、厳しいことを言われても、何を言われたのかがよくわからず、唐突感を覚えてしまいます。道を歩いていて、いきなり背後から大声で怒鳴られたような感覚になるのです。しかも、いやな経験は、そのあともずっと残ってしまいます。そのため、努力を強要したり、厳しく育てたりはできるだけしないほうがいいでしょう。特に、思春期に入る前（小学校高学年）までは、緩やかな環境のなかで育てることが大切です。ただし、それはすべてを許したり、どんどん甘やかしたりするということではありません。よくないことをしたときは、当然きちんと伝えていきます。その際、感情的に怒らず、短めに、淡々と接するといいでしょう。また、自分でできることは手伝わないという姿勢をもつことも大切です。

③情報は絞って伝える

ＡＳＤの子どもは、情報処理が苦手です。一度に複数の情報が入ると、どれを選択すればいいのかわからなくなってしまうのです。それをシングルフォーカス（一つのことしか焦点を当てられない）といいます。いろいろな場面でことばをかける際は、できるだけ内容を絞って伝えるといいでしょう。最初にいちばん大事なことを言うなど、伝え方を工夫しましょう。

④構造化を取り入れる

構造化とは、発達障害の子ども（特に情報処理の苦手なＡＳＤの子ども）が生活や学習をおこなっている場を「わかりやすくする」ことをいいます。エリック・ショプラーのＴＥＡＣＣＨプログラム（Ｅ・ショプラー／佐々木正美監修『自閉症の療育者――ＴＥＡＣＣＨプログラムの教育研修』神奈川県児童医療福祉財団、一九九〇年、梅永雄二『自閉症の人のライフサポート――ＴＥＡＣＣＨプログラムに学ぶ』福村出版、二〇〇一年）に基づいたこの構造化によって、ＡＳＤの子どもの適応力を向上させ、社会参加を図ることが可能になると考えられています。構造化には、主に物理的構造化と時間的構造化があります。物理的構造化とは、住宅の内部の刺激を整理し、また場所ごとに囲いや色分けをして、場面と意味の結び付きを理解しやすくすることをいい、時間的構造化とは、毎日がスムーズに進行できるように、これからのスケジュールを作成し、それを前もって予告することをいいます。具体的には以下のような例が考えられます。

《物理的構造化（環境・場所の構造化）》
・部屋の大きさ（落ち着かないときには小さな部屋にする）。
・部屋のなかの小物（不必要なものは見えないようにする）。
・椅子の使用（活動に向かいやすくなる）。
・机の使用（前面空間が狭まり落ち着く）。
・子どもの位置（活動内容や人数、子ども同士の相性などを考慮して設定する）。
・窓やカーテン（天気や外の音によって開け閉めを柔軟におこなう）。
・採光の状況（電気〔光〕への興味に配慮する）。
・掲示物（あまり多く飾り付けしない）。
・集団の規模（活動によって多い／少ない、を柔軟に設定する）。

《時間的構造化》
・活動時間（午前と午後で分ける、など）。
・活動の経緯の提示（絵カードや写真を活用し、わかりやすい時間割を作る）。
・スケジュールの予告（当日の朝、その日の予定を伝える。または、月曜日に一週間分の予定を伝える）。

⑤学習面での配慮をおこなう

将来社会で生きていくためには、一般的に小学校四年生レベルの学力が必要だといわれています。ところが、義務教育では小学校の三、四年生くらいから急に学習内容が難しくなることがわかっています。ＡＳＤの子どもは、漢字の暗記、単純な計算などのパターン的な内容は得意であっても、文章読解や抽象的な思考を求められることがとても苦手です。小学校の中学年ごろから急にテストの点数が下がってきます。そのため、本人の自己肯定感が下がらないよう、苦手な箇所を丁寧に教えるなど配慮していくといいでしょう。あわせて、配慮しても思うように成績が上がらないことを受け入れられるようにしていくことが大切です。

いかがでしょうか。ＡＳＤの子どもは、感覚過敏や他者視点のなさなど、人と接することが多い幼児期、学童期に、たくさんの生きづらさを感じています。周りの大人はそのことをよく理解し、十分に配慮しながら子育てをしていくことが必要です。厳しすぎず、かといって甘やかしすぎず、ちょうどいいバランスを保っていくことは大変ですが、それを考えていくのが大人の大事な仕事です。

4――学習障害（LD）、発達性協調運動症（DCD）

4―1　LDの基本情報

学習障害（LD）とは、「基本的には全般的な知的発達に遅れはないが、聞く、話す、読む、書く、計算する又は推論する能力のうち特定のものの習得と使用に著しい困難を示す様々な状態を指すもの」をいいます（文部科学省、一九九九年七月の「学習障害児に対する指導について（報告）」〔https://www.mext.go.jp/a_menu/shotou/tokubetu/material/002.htm〕［二〇二三年五月一日アクセス］から抜粋）。最近では、限局性学習症（SLD）と呼ばれています。その症状に気づくのは、本格的に学習が始まる学齢期からが多いのですが、幼児期にも不器用さなどいくつかの目立った症状がありま す。現在、小・中学校で六・五％（およそ十五人に一人）いるといわれています（文部科学省初等中等教育局特別支援教育課「通常の学級に在籍する特別な教育的支援を必要とする児童生徒に関する調査結果について」二〇二二年〔https://www.mext.go.jp/content/20230524-mext-tokubetu01-000026255_01.pdf〕［二〇二三年一月十日アクセス］）。

◉LDの子どもの幼児期の特徴

・相手の話が理解できない。

・ことばをよく聞き間違える（「待ってて」という指示を「立ってて」と聞くなど）。
・指示を二つ以上出すと混乱してしまう。
・友達とよくぶつかる。
・はさみがうまく使えない。
・着替えが上手にできない。
・ことばの発達に課題が見られる（「パンダ」を「パンナ」という、など）。
・絵を描く際、用紙を回して描く。

ＬＤの基本症状は、①読むのが苦手、②書くのが苦手、③計算が苦手、です。

①読むのが苦手

字を全く読めないわけではありません。何とか読めても、読むのが遅い、読み間違いが多い、文字や行の読み飛ばしが多い、形が似た文字を読み間違える、当てずっぽうで読む、拗音（小さい「ゃ」など）や促音（小さい「っ」）を発音できない、といった特徴があります。

文章をまとまりごとに区切って読むこと（「きょうは」「よい」「てんきです」）を「分かち読み」、「き・よ・う・は・よ・い……」と一文字ずつ読むことを「拾い読み（逐次読み）」といいますが、ＬＤの子どもの場合、分かち読みや拾い読みになることが多いため、文章を読んでも意味がよく理解できません。そうなると当然、書くことも苦手になってしまいます。

読むことが苦手なため、読書はとても疲れます。その結果、本が嫌いになりやすく、語彙が増えなかったり、漢字がわからなかったりしてしまい、国語の成績がよくないという負のスパイラルに陥ってしまいます。

なお、話はきちんとできるのに教科書がすらすら読めない特徴を「ディスレクシア」(読字障害、読み書き障害)と呼んでいます。

②書くのが苦手

文字がきちんと書けない、書けても書き間違いが多いという症状です。小学校低学年では、ひらがなの「わ」「ね」など似ている文字を間違えることが多く見られます(ほかにも「め」「ぬ」「の」、「い」「り」、「き」「さ」など)。いわゆる鏡文字を書いたり、文字の大きさがバラバラで枠をはみ出してしまったりといった様子も見られます。一生懸命書いても正確に書けないわけですから、板書は特に苦手です。

また、学年が上がると、漢字でもひらがな同様の間違いをします(「大、太、犬」「右、石」「人、入」「上、土、士」「矢、失」などが混乱する)。ほかにも、句読点をうまく打てない、書き順が覚えられない、自分の考えを文章で表現できないといった特徴があります。小学校の高学年になっても、助詞を書き間違える子どもがいます(「は」を「わ」、「を」を「お」)。結果的に、感想文など長い文章を書くのにとても時間がかかってしまいます。

③計算が苦手

簡単な計算が苦手という特徴があります。それ以前に、数の大小の関係がわからない、二つのものの数量を直感的に比較できない、長さや時間の概念がわからない、という様子が見られます。空間が苦手なため、筆算のときに桁がずれたり、計算するときの順序を間違えたりすることが多く、しょっちゅう計算ミスをしてしまいます。

そのため、算数への苦手意識が強くなってしまいます。計算はある程度できても、文章題になると全くわからないという子どももいます。

≫4―2　LDにどのように対応していくか

LDの子どもは、おしゃべりやほかの面では上手に振る舞えるにもかかわらず、学習面のつまずきが目立つことから、「さぼっている」「やる気がない」などと思われがちです。そのため、漢字ドリルや計算ドリルをひたすらさせるという、不適切な対応がなされることが多くなります。読み書きや計算ができないのは、努力不足ではなくLDの特性です。繰り返し努力させても、何も変わりません。どのような障害にも、その障害に合った対応をしなければなりません。ほかの発達障害と同様に、まずは豊かな遊びのなかで、思う存分声を出し、大いに笑う時間をできるだけ多く設けていきましょう。

ほかにも、以下のようなサポートをおこなうといいでしょう。

①家庭ではおおらかに接する

できないことが増えてくると、どうしても自己肯定感が下がってきます。特に学校では、周りの子どもとの比較によって、自分の「できなさ」が顕著になり、それが自信を失うことにつながります。そういうときは、家庭でできるだけおおらかな態度で接するようにしましょう。また、話をしっかりと聞いてあげながら、いいところは積極的に褒める、できるだけ叱らない、など、子どもとの関係が温かくなるように心がけていきます。

②指示をいっぺんに出さないようにする

LDの子どもには、聞いて理解することや記憶することに困難を抱える子が多くいます。「きょうはマラソンなので、これからトイレに行って、準備運動をして、水分補給をして、鉄棒の前に並びましょう」などと伝えると、子どもは混乱してしまうのです。にもかかわらず、先生から「ちゃんと聞いていなかったでしょう」などと言われてしまいます。

そうではなく、指示はまず一つだけ伝え、それを理解したことを確認してから次の指示を伝えるようにしましょう。

③不器用さへのサポートをおこなう

LDの子どもはいろいろな場面で不器用です。しかし、それは決して努力不足ではなく、本人の特性なのです。苦手なことを訓練させることはしないようにしましょう。

例えば、はさみが苦手な子どもには、難しいところは切ってあげて、簡単なところだけ切らせるようにします。軽い力で消せる消しゴムを使うなど、教具を工夫することもいいでしょう。また、着替えが難しいときは、服の前後や左右、表裏がわかるように、例えば前を意味する目印（刺繍、ワッペンなど）を縫い付けておくといいでしょう。

このように、本人の負担が軽くなるように、適切なサポートをおこなっていきます。

④学習面のサポートをおこなう

国語や算数などで後れを取ることが多いため、まずはどこでつまずいているかをよく観察します。そのうえで、本人が理解しやすい手立てを考え、負担にならない程度に提供していきます。例えば、文章を読むのが苦手な場合は、文節ごとにマーカーなどで斜線を入れていきます（冬に／なると／雪が／ふります）。また、書くことが苦手な場合、マスを大きくしたり補助線を入れたりするといいでしょう。ちなみに、漫画を読むことは、本を上手に読むことにつながります。算数についても、九九を歌のように覚える、九九の表を拡大して張り出すなど、その子の苦手さに応じて援助していきます。

ＬＤの学習支援については、自分で一生懸命考えることも大切ですが、詳しい専門家に相談するのもいいでしょう。子どもを見て、その子に合ったメニューを教えてくれるはずです。大ざっぱなサポートよりも、個に応じたきめこまかなサポートを提供することが大切です。

なお、読み書きが苦手だと学校時代は苦労しますが、悩むのはそのときだけかもしれません。いまは大学入試でも、「iPad を使うことが可能」というような配慮事例が増えています。一生懸命読み書きの訓練をさせるよりも、より簡単に使えるツールを活用していくことが今後主流になってくるものと期待しています。

≫4―3　発達性協調運動症（DCD）の基本情報

発達性協調運動症（DCD）とは、一言でいうと「運動が苦手」「不器用」です。より正確には「筋肉や神経、視聴覚などに異常がないものの、いくつかの動作を協調させて行う＝協調運動が苦手で、細かい動きから大きい運動において不器用さが目立つ状態」（前掲『発達障害のある子を理解して育てる本』五七ページ）という特徴があります。

「協調運動」とは、別々の動作を一つにまとめる運動です。この力が育っていないと、皿を片方の手でつかみながら、もう片方の手でスポンジを握って皿をこするというような動作・運動が難しくなってきます。考えてみると、人はとても複雑な動きをしていることがわかります。生活場面での「協調運動」には、「自転車に乗る」「縄跳び」「ボール遊び」などの全身を使った粗大運動、「ボタンかけ」「ぬり絵」などの手先の操作性が求められる微細運動があります。

運動神経がよくない人はたくさんいますが、ここでいうDCDは、同じ年齢の人が苦労せずに身につけられることを、いくら一生懸命練習しても習得できない状態を指します。ほかにも、次のような様子が見られます。

・走り方が見るからにぎこちない。
・球技全般が苦手（ドッジボール、キャッチボール、バレーボール、サッカーなど）。
・姿勢が崩れやすい、あちこちにぶつかる。
・ダンスやマット運動、縄跳びが苦手。
・うんていや鉄棒、ジャングルジムが苦手（高学年になっても逆上がりができない）。
・はさみを使うのが苦手（定規、コンパスも苦手）、折り紙が苦手。
・ボタン、ファスナー、ひも結びが難しい。
・鉛筆、箸を正しく持てない（字が汚い）。
・楽器の演奏が苦手（特にリコーダーは難しい）。
・食べ物をよくこぼす。

4―4　発達性協調運動症（DCD）にどのように対応していくか

運動が苦手な子どもは、運動会の集団演技やチーム競争などでみんなの足を引っ張るということが多く、日頃からいやな思いをしています。体育や運動会が嫌いになってしまうこともあるでしょう。そういう子どもの気持ちをよく考え、丁寧なサポートをおこなっていく必要があります。特に、苦手なことを訓練させるようなことだけは避けなければなりません。

具体的には、以下のようなサポートをおこなっていきます。

①身体の土台になる運動をおこなう

ぎこちない動きの要因として、感覚機能の偏りが考えられます。感覚機能とは、注意欠如・多動症（ＡＤＨＤ）のところで紹介した固有感覚（関節への刺激）や前庭感覚（揺れ）、触覚などです。それらにはたらきかける際は、訓練のような形式ではなく、大人と楽しみながらおこなうことが大切です。

具体的には、手押し相撲（固有感覚、触覚）、指相撲、いろいろな手遊び（「あっちむいてホイ」「アルプス一万尺」）などをおこなっていくといいでしょう。

②家庭のなかでお手伝いをする

家のなかでいろいろなお手伝いをすることも効果的です。実は、家庭は手指の操作性を高めるものであふれています。食器運びや洗濯物干し、洗濯物たたみ、料理の手伝い、ビンの蓋開けなど、危なくない範囲でいろいろなことにチャレンジしてもらうといいでしょう。

また、パソコンやスマートフォン、タブレットなども徐々に使っていくといいでしょう。

③たくさん褒めてあげる

運動や手伝いをしたあとは、思い切り褒めてあげましょう。ことばで褒めるだけでなく、大人も一緒に活動し、そのことを喜ぶのです。そうすれば、子どもは体を動かすことを楽しいと感じるようになり、徐々に運動への抵抗感を減らすことができるでしょう。

④可能な範囲で、やさしい活動に替えてもらう

ＡＤＨＤの項目でも述べましたが、難しい活動を一生懸命させるよりは、できそうな活動を取り入れていくことが大切です。学校生活では、国語や算数は課題別におこなうことがあるにもかかわらず、体育や音楽だけは全員同じプログラムを実施しています。そこを、学校に内容を多少替えてもらうようにします（そのような配慮を合理的配慮といいます）。みんなの前で苦手なことを見せるのがどれほどつらいことか、訴えていくことが大事です。

運動が苦手、手先が不器用だと、学校生活で多くの不自由が生じてしまいます。それは、運動面の苦手さだけでなく、算数をはじめとする学習面の困難さや自尊感情・自己肯定感の低下、怠学、いじめ、不登校などの情緒的問題、肥満などの身体的問題にもつながっていきます。だからこそ、身体面・運動面へのアプローチをしながらも、その子なりに楽しめる運動をおこなえるよう、周りの大人が配慮していく必要があるのです。

5――発達障害いろいろ

5―1 発達障害は重複しやすい

臨床現場で子どもたちを見ていると、実際に純粋なＡＳＤ、あるいはＡＤＨＤという子どもはさほど多くないことがわかってきます。子どもたちを観察すればするほど、それぞれの障害が重なり合っているケースが多いのです。

例えば、ＡＳＤとＡＤＨＤの重複例を考えてみます。ＡＳＤはまじめで融通がきかず、どちらかといえばこつこつ型のイメージです。一方、ＡＤＨＤは自由でマイペースな傾向があり、あまりきちんとしていない感じがします。双方が重なり合うと、ＡＳＤの特性である「こだわり」は少し見えにくくなってきます。なぜなら、ＡＤＨＤの動きがある特性のほうがより目立つためです。

例えば、小学校の低学年で、多動や衝動性が目立ち、友達に乱暴をはたらくＡくんのケースを考えてみます。多動があり乱暴なＡくんに対し、周りは一生懸命ＡＤＨＤへの対応をおこないます。少しでも落ち着けるよう環境を整理し、いろいろな活動の期待値を下げる配慮をしていくのです。にもかかわらず、Ａくんはなかなか落ち着くことなく、逆に友達とのトラブルが増えていきました。

実は、このケースでは、Ａくんに人の気持ちが読み取れず、相手と共感することが難しいというＡＳＤの特性があることが見逃されていたのです。どうしてもＡＤＨＤの特性が目に付きやすいため、ＡＳＤの特性が目立たなくなってしまいました。その後、ＡＳＤへの対応を丁寧におこなった結果、Ａくんは徐々に落ち着くようになっていきました。また、友達とのやりとりも、上手ではないものの、少しずつ増えていったのです。

結局、発達障害の子どもの「障害の重複」は、まずはメインになる障害を見つけ、それをしっかりと把握することが大切です。そのうえで、付随する障害についても目を配る必要があります。Ａくんの例でいえば、目立つ行動（多動性、衝動性）だけに目を向けるのではなく、その背後に潜むＡＳＤの特性（対人関係、コミュニケーションの課題）を素早く見抜き、その部分に積極的にアプローチをしていくことが大切です。

なお、一般的には、ＡＤＨＤの特性だけで生活に支障をきたす人はほとんどいないといわれています。しかし、ＡＤＨＤにＡＳＤが重なると、ＡＤＨＤ自体の困難さも大幅に増えてくることがわかっています。その意味でも、目立つＡＤＨＤの背後に何かが潜んでいるかどうかを、しっかりと見極める必要があるでしょう。

5―2　発達障害での男女の差

発達障害は男性に多く見られるといわれています。例えば、ＡＳＤでは男性が女性の約四倍という報告があります（厚生労働省「ＡＳＤ（自閉スペクトラム症、アスペルガー症候群）について」「ｅ―ヘルスネット」〔https://www.e-healthnet.mhlw.go.jp/information/heart/k-03-005.html〕［二〇二三年四月二十七日アクセス］）。ただし、ＡＤＨＤは男女比で二・五対一といわれていますが、最近の報告では大人になると同程度に近づいていると いわれています(宮尾益知監修『ASD(アスペルガー症候群)、ADHD女性の発達障害〈就活/職場編〉』〔親子で理解する特性シリーズ〕、河出書房新社、二〇一九年、NCNP病院国立精神・神経医療研究センター「ADHD(注意欠如・多動症)」〔https://www.ncnp.go.jp/hospital/patient/disease07.html〕〔二〇二三年四月二十七日アクセス〕)。

なぜ男性のほうが多いのでしょうか。確かなことがわかっているわけではありませんが、例えば脳の仕組みの男女差が関係しているという報告があります(大木紫「生物学的に見た男女差──脳と行動への影響」「杏林医学会雑誌」第四十九巻第一号、杏林医学会、二〇一八年、二一―二五ページ)。左右の大脳半球をつなぐ部分が男性よりも女性のほうが大きい、すなわち女性のほうが左右両方の脳をよく使うというものです。右脳は音楽、幾何学、発想など芸術的な分野に関連していて、左脳は言語、計算、理論など論理的・概念的な思考をつかさどるといわれています。女性のほうがどちらもバランスよく使い、男性のほうがやや左脳に偏っているといえるのかもしれません。

なお、妊娠・出産をするのは女性であるため、どうしても女性の年齢が注目されがちですが、ASDの出生と関連をもつのは、出産のときの女性の年齢よりも父親の年齢だというデータもあります(杉山登志郎『子育てで一番大切なこと──愛着形成と発達障害』〔講談社現代新書〕、講談社、二〇一八年)。父親が高齢のほうがASDが生まれやすいというのです。女性に対する誤解が生じないよう、このような知識を得ることも大切になってきます。

最近は成人女性(ADHD)の悩みが増えているといわれています。成人ですから、ADHDの「多動性・衝動性」という特性は影を潜め、「不注意」が目立つようになります。例えば、職場で、出かける準備に手間取る、忘れ物をよくする、なくしものをする、ほかのことに思考を奪われる、切り替えが難しい、いまやっていることが終わる前に次のことが気になる、電話番号を打ち間違う、電話をしながらメモがとれない、など仕事のミスが立て続けに起きるようになります。

しかし、大人の場合は、周りの人に配慮されながらも、自分自身で対策をとることが可能です。例えば、「忘れ物が多い」ときは、カバンのなかに大中小の透明な袋を入れて管理する、持ち物をメモ帳やアプリに登録して定期的にチェックする、使うものの置き場所を決める、など決まり事を作っていくことが有効です。

5―3　発達障害は増えている？

最近よく「発達障害の子どもが増えているのでは？」という声を耳にします。実際に、小学校の現場を見ていても、通常クラスに二、三人か、場合によっては四、五人発達障害の子どもがいるという報告を受けることがあります。どうして、そのようなことになるのでしょうか。

理由としてまず考えられるのが、一般の人の「発達障害」に対する関心が高まってきているということです。さらには、次のような理由が考えられるといわれています（小西行郎『発達障害の子どもを理解する』〔集英社新書〕、集英社、二〇一一年、太田秀紀「おおた先生のわくわくだより 第14回「発達障害は増えているのか？」（令和元年5月）」二〇一九年九月十九日、西宮市〔https://www.nishi.or.jp/kosodate/kodomomiraicenter/column/back/ootasensei_14.html〕［二〇二二年十月一日アクセス］）。

・これまで障害と見なされなかった軽症の子どもも含まれるようになった。
・発達障害が広く知れ渡るようになり、家族や周りの人が気づきやすくなった。
・発達障害に対する曖昧な知識が横行し、安易に断定されてしまう。
・化学物質の暴露（ネオニコ系農薬）との関連が指摘されている。
・保健師や保育士、教師など、子どもと関わる立場の人が発達障害に詳しくなった（特別支援教育の実施によって、教員らの子どもを見る目が変わってきた）。
・容易に知能検査が受けられるようになった。
・書籍やインターネットによって、簡単に情報が得やすくなった。
・晩婚化に伴い、未熟児が増加した。
・社会の複雑化に伴い、ストレスが増加した。

これらが、「発達障害が増えている」とすることとどれだけ結び付いているかは確かではありません。しかし、確実にいえることは、多くの人にとって「発達障害」という名称が以前よりもずっと身近になっているということです。もちろん、関心が高まるのはいいことですが、にわか知識で語る人が増えるのは考えものです。それによって、いろいろ誤解が生じてしまうことが心配なのです。

「ラベリング」ということばがあります。いわゆるレッテル貼りのことですが、子どものちょっとした特性を見て、すぐに「こうだ」と決めつけることは危険です。なぜなら、ラベリングによって、いろいろな行動の特徴をすべて「発達障害」のせいにしてしまう可能性があるからです。そうなると、大人は子どもの課題にばかり目がいってしまい、子どもに対して抱く「期待感」が低くなってしまうことも考えられます。

「発達障害」をきちんと理解することはとても大切ですが、安易に「発達障害」と決めつけるのではなく、まずは子どものことをよく知ろうとし、できうる範囲の対策を練っていくことが大切です。そのうえで、どのような障害があろうと、目の前の子どもを「かけがえのない存在」として捉え、たとえ小さな成長でも大いに喜び期待しながら、日々を大切に過ごすこと……、それに勝る子育てはないでしょう。

第2章 子育てで大切なことをエピソードから学ぶ

第1章では、発達障害の概要について述べてきました。用語の意味を知ることは、発達障害全般を知るうえでの第一歩になります。

発達障害については、ややもすると「こんなときどうするか」というハウツー的な発想に陥りがちです。目の前の子どもの対応に困った親や教師が、そのような情報をほしがる気持ちはよくわかります。しかし、一つひとつの問題について解決策を知るだけでは、子どもの全体像を知ることはできません。だいたい、問題を一つ解決しても、もぐら叩きのように次々と別の問題が現れ、それらの対応に翻弄されるだけになってしまうでしょう。そもそも、問題をいくら解決しても、子どもが育つわけではありません。

一概に発達障害といっても、育ちの部分では定型発達の子どもと共通するところがたくさんあるのです。特性が弱い子であれば、普通の子育てとほとんど変わりはありません。あえていうとすれば、一般の子育てよりは少し丁寧さが必要ということでしょうか。それに加えて、一人ひとりの特性に対する固有の配慮をおこなっていくことになります。

つまり、発達障害の子育て法をしっかりと身につければ、定型発達の子育てにも十分役立てられるどころか、とても良質な子育てをおこなうことができるのです。それは、障害児教育をしっかり学んだ教師のクラスは、どのクラスよりも一人ひとりの子どもを大事にし、子どもが輝いているという多くの事実からも見えてきます。

本章では、多くの親や教師が知りたいことを、個別の問題としてではなく、いろいろな面で共通している「子育ての大事な理念や考え方」として、エピソードを交えてわかりやすく述べていきます。ここに書いた考え方を頭に入れれば、日頃の子育ての土台になる部分がだんだんしっかりしてくるものと思われます。もちろん、発達障害以外の子どもにとっても役立つものになるでしょう。各項目は、それぞれ関連している部分が多くあり、それは大事なことは根っこがつながっていることを意味しています。どうぞ、子どもの豊かな世界にお入りください。

1――まずは共感し、そのあとに必要なサポートをおこなう

発達障害の子育ては、いろいろな意味でとても難しい面をもっています。ただ一生懸命がんばればうまくいくというわけではありません。むしろ、がんばればがんばるほど空回りすることもあるでしょう。

いうまでもなく、子育てにとって大切なのは、子どもの自尊感情を育てることです。それは、自己肯定感と置き換えてもいいでしょう。子どもは安心して日々の生活を送ることができれば、だんだんと人を信頼し、自分も信頼できるようになります。自分を信頼することで、子どもは新しい場面でも物おじせず、伸び伸びと自分らしさを発揮できるようになるのです。

しかし、大人はどうしても子どもの将来を見据えながら、何とかさせなければと焦る気持ちをもってしまいがちです。のんびり構えていたら思うように育たないのではないか、と心配になってしまうのです。そのため、つい「これはあなたのために必要なのよ」「いまはちょっとつらいけど、将来に必要なことなのよ」などと前のめりになってしまいます。

ところが、一生懸命やっているにもかかわらず、子どもはなかなか思うとおりには育たない……。ましてや、大人の「何とかしよう」という思いが透けて見えれば、なおさらうまく育ちません。ある時期は伸びたり、別の時期は停滞したり、あるいは後退したり……。子どもの育ちにとっては当たり前のプロセスでも、親は焦りがちです。

子どもが自分の望むようにふるまわないからとイライラしているとき、当然、子どもは一緒にいることに幸福を感じてはいないのです。

(佐々木正美『佐々木正美の子育て百科2――入園・入学後、子どもの心はどう成長するか』大和書房、二〇二〇年、六七ページ)

子どもは、親の微妙な心の変化を読み取ることが上手です。そのため、親がリラックスせずにイライラしていることを、自分のことのように受け止めるのです。そわそわと落ち着かない親は、どうしても子どもとの「共感」がもてなくなってしまいます。

このことから、子どもの成長にとって、「安心感」や「リラックス」がとても大切なことがわかります。あれを伸ばそう、これを伸ばそう、ここを改善しようと考える前に、まずは目の前の子どもを「自分の宝物だ」と思い、「うちに生まれてきてくれてありがとう」と日々感じるところから始めることが大切です。そういう親の思いは、必ず子どもに伝わります。その日々の積み重ねが、子どもの自尊感情を育て、自己肯定感を高めていくのです。

いろいろな子どもを見ていて、「ああ、この子はたくさん愛されてきたんだな」と思うことがよくあります。そういう子どもは、間違いなく自己実現を図っていきます。そう考えると、順番としては、最初に「リラックスしていまを楽しむ」「共感する」という土台があって、それが十分にできたあとに、「将来を見据えながら必要なサポートを少しずつおこなっていく」ことが大切になってきます。子育ては難しい面もありますが、焦らず、日々ゆったり構えて、自分をリラックスさせるところからスタートしてみてはいかがでしょうか。

2——どんなときも子どもを否定しない

先日、イヌの散歩をしていたら、一歳半くらいのかわいい男の子とお母さんに出会いました。男の子はしばらくイヌを見ていましたが、そのあとお母さんに抱っこをせがみながら「ガーガー」と言っていました。男の子にとっての「ガーガー」は「ねえママ、抱っこして」という意味だったのでしょう。そのとき、お母さんは「ガーガーじゃなくて、抱っこしてでしょう」と何度も繰り返していました。男の子は相変わらず「ガーガー」と言っています。そのため、なかなか抱っこをしてもらえませんでした。

このときのお母さんは、「そうね」という共感の表現ではなく、「〜じゃなくて〜でしょう」という否定表現をおこなっていたといえます。一生懸命「抱っこ（ガーガー）」と言っているにもかかわらず、抱っこはしてもらえず、「〜じゃなくて〜でしょう」と言われ続ける……。ことばはわからなくても、否定されているという雰囲気は十分に子どもに伝わります。やがて子どもは、満たされない気持ちでいっぱいになるでしょう。

本来なら、この場面では、子どもが「ガーガー」と言ったときに、それは「抱っこして」と言っているのだと考え、「はい、抱っこね」と言ってさっと抱っこをしてあげればよかったと思います。実は、ことばの間違いを指摘して言い直させるという行為は、どんな場面でも適切ではありません。

そんなことをしていれば、子どもはやがてことばを発することが嫌いになってしまう可能性もあります。そのお母さんは、最終的には男の子の「ガーガー」に応えて抱っこをしてあげていました。比較的早く抱っこをしたことは、とてもよかったと思います。

ほかにも、「なにげなく否定する」ことはよく見られます。例えば、子どもがぬり絵をして先生に見せたときに、「上手だね。でも、ここは赤い色でぬればよかったかな」などと言われることがあります。同様に、テストで九十点を取って喜んでいる子どもに、「よくがんばったね。この問題を間違わなければ百点だったね」などと言うお母さんもいるでしょう。せっかく褒めたのに、最後にほんの少しだけ否定をしてアドバイスをしてしまうのは残念なことです。

成果と課題を考えるのは大人の発想です。それは、自分自身を常に高めたいと思いながら仕事や学習に取り組んでいる場合に適した考え方です。しかし、子どもの場合、喜びながら問題点を考えることは得意ではありません。絵やテストをわざわざ大人に見せるのは、一緒に喜んでもらいたいと思っているからで、アドバイスを期待しているわけではありません。最初に褒められて、最後に問題点を指摘されると、指摘された部分だけが頭に残ってしまいます。褒められた部分が見事に消えてしまうのです。大人がアドバイスをしたい気持ちはよくわかりますが、そんなに焦る必要はないのです。

うれしいときは、うれしいで終わりにすればいいのです。それが次にがんばるというモチベーションにつながっていきます。逆に、しょっちゅう指摘されている子どもは、常に満たされない気持ちでいるため、がんばるエネルギーがなかなか湧いてこなくなってしまいます。九十点を取ったら

「すごいね。びっくりだ。お父さんうれしい！」だけで十分です。課題については、別の機会に伝えればいいでしょう。うれしい気持ちを誰かと共有することこそが、子どもの自己肯定感を高めていくうえで最良の手段になるのです。

3――やらないほうがいいことははっきりしている

子育てについて、保護者から「こんなときどうすればいいか」という質問をよく受けます。例えば、「どうすれば、問題行動が減るのか」「どうすれば人とうまくコミュニケーションがとれるようになるのか」といった具合です。どれも切実な内容ですが、実際には特効薬などないというのが本当のところです。

なぜなら、微妙に違う子ども一人ひとりに対し、一般論だけで回答することはほとんど意味をなさないからです。ある大人がAという方法でうまくいったとしても、人が変わればそのAはAではなくなってしまいます。

例えば、「子どものネガティブな行動には反応しないほうがいい」というアドバイスをしたとします。それに対し、ある人は子どもと絶妙な距離を保ちながら、適切なペースで関わることでしょう。またある人は、何とか子どものペースに巻き込まれないようにして、話しかけられても能面のような不自然な表情で関わるかもしれません。実はこの両極端な二つの対応の間には無数の関わり方があって、そのうちのどれをおこなうかが重要になってきます。ピタッと当てはまる回答など、なかなか存在しないというのが実際のところなのです。

一つだけはっきりといえることがあります。それは、やるべきことはわからなくても、やってはいけないことは比較的明確だということです。

以下に、発達障害の子どもに対し、やらないほうがいいことの例を挙げてみましょう。

・何の配慮もしないこと（「大丈夫」「何とかなる」と言い、きちんと対応しない）。
・ほったらかし、あるいは場当たり的な対応をすること。
・苦手なことを、ひたすら努力させること（努力不足といって、とにかくがんばらせる）。
・細かいことを一つひとつ指摘したり、注意したりすること。
・本人の意思を尊重するという名目で、いつも子ども主体で行動させること。
・過剰に心配をしたり、不安になったりすること。
・何も起きないように、ひたすら気を使うこと（本人ではなく、大人自身のストレスがたまらないことを目的とする場合が多い）。
・勉強や成績を重視しすぎること（高い学歴を手にしても仕事や人間関係で挫折してしまう）。

子育ては、いいことを積極的におこなう前に、よくないことを減らしていくことが有効です。そのことに気をつけながら、日々ゆったりと構え、のんびり楽しく生活する。そして、子どもの興味を大切にし、少しの努力で達成できることから始めてみてはいかがでしょうか。

4――守るだけでは子どもは育たない

目の前で子どもがぐずったりパニックを起こしたりしたとき、どうすればいいでしょうか。すぐに近寄り、「どうしたの？　大丈夫？」などと声をかけてしまうのではありませんか？　幼児期の初期であれば、そのような関わりは自然なことといえます。しかし、幼児期を過ぎても同じような関わりを続けていると、子どもは徐々に誤学習をするようになってしまいます。

誤学習とは、一度経験した「自分にとって都合がいい行動」をいつでもどこでもとってしまうことです。子どもが不調なとき、誰か（大人）が一緒にいてその場を解決することで、子どもは自分自身で困難を解決することができなくなってしまいます。それは、ネガティブな状況では常に「子どもと大人の二人セットで解決する」ということであり、そのことが問題になってきます。

なぜ問題なのでしょうか。それは、自分で解決する力が身につかないからです。そもそも、大人の目が届くところでだけ対応しても、学校や幼稚園など外の世界で困ったときには、解決が難しくなってしまいます。助けてくれる誰か（大人）がいつも近くにいるわけではありません。

そうならないためには、目の前で子どもが困った状態になったら、全面的に助けるのではなく、できそうな部分は自分の力で解決してもらうようにします。靴下が上手に履けないのであれば、つま先やかかとまで入れてあげて、残りを自分で上に引っ張って履けるようになればいいでしょう。それなら、全面的に助けることにはなりません。

もし困難が大きすぎて解決できずに困っているのであれば、そのときはもちろん最初から助け舟を出せばいいでしょう。その場合でも、全面的に助けるのではなく、援助は限定的（少し）におこないます。「少し」というのは、ちょっとの助けがあれば、そのあとは自分の力で解決できる程度の量を意味します。ごくさりげなく、黒子のようにサポートすることが大切です。それによって、子どもは「自分の力でその場を解決した」という満足感や自信を得ることができるでしょう。最初から誰かに助けられてできたことは、喜びの量も少なく、身につくものもあまり多くはありません。

なかには、まだ何も頼まれてもいないのに、先取りして助けてしまうケースがあります。それを「要求の先取り」といいます。要求の先取りをしても、子どもは大きく育ちません。助け舟を出せば出すほど、「何かあったら泣いたり、叫んだり、ぐずったりすれば、周りの大人が助けてくれる」と学習することになるでしょう。お店で大きな声でぐずっている子どもは、以前に一度でも、「ぐずったら自分の思いどおりになった」という経験があったから、そのような行動をとっているのかもしれません。まさに誤学習です。

実は子どもは、いつも自分のそばにいて、どんなときでもサササッと助けてくれる人のことが好きなわけではありません。特に発達障害の子どもは、そういう大人を「便利屋さん」として使うことが多いのです。本当に信頼関係が築けていれば、「これはいけないよ」「今回はがまんしてね」と言われても、「まあ仕方ないな」と受け入れるようになります。「すべてに、即座に応じる」のではなく、「応じたり、応じなかったり、ときにとぼけたり」というようなやりとりが、子どもを伸ばしていくのです。「子育ては子どもを守ることではなく、健康的に自立させること」だということを、常に頭に入れておきたいものです。

5――ゼロか百ではないアプローチをおこなう

発達障害の子育てで、特に気をつけたい点があります。それは、子どもに対して「無か全（ゼロか百）」の関わりをしないということです。特に自閉スペクトラム症（ASD）の子どもの場合、より注意が必要になってきます。

ときどき、子どもがなかなか言うことを聞いてくれないという理由で、必要以上に強く叱るケースが見られます。強い調子で注意をし、それでも従わないと、より強い調子で注意をします。これが「ゼロか百」の百にあたります。百の圧力をかけることによって、子どもは一時的に指示に従うようになるかもしれません。しかし、その一方で、ストレスをため込む可能性があります。情動は伝染しやすいので、強い調子は子どもにとってとても不快な気持ちを誘発していきます。そのような関わりを続けていると、二十歳前後になって「想起パニック」として、手がつけられないほどのパニックの嵐がやってくることがあります。

百とは逆に、何でも自由にさせて、あらゆる場面で子どもに了解を得てからことを進めるという方針があります。これはゼロといえます。一見、自主性に任せて子どもを尊重しているように思えますが、実はＡＳＤの子どもには、このゼロはとてもつらい状況になりかねません。ある特別支援学級（小学校）で、ＡＳＤの子どもの自由を尊重するという名目で一日中好き勝手にさせていたところ、その子は登校時から帰りの会まで、ずっと常同行動を続けていたという報告がありました。ＡＳＤの子どもは、何をしていいかわからない状況に置かれると、無秩序な行動をひたすら続けることになってしまうのです。

ＡＳＤの子どもにとって基本的に「自由は不自由」であり、何か手がかり（枠組み）がないと、自分が何をしていいのか全くわからなくなってしまいます。ＡＳＤの子どもには、「曖昧なことや一貫性がないことに著しい不安を覚える」という特性があり、関わる人がそのことを十分に理解しておかないと、常に不安定な状態にさせてしまうのです。

そのため、ＡＳＤなど発達障害の子どもに対しては、ヒントになる手がかり（枠組み）を準備することが大切になってきます。それが構造化です。構造化とは、入力する情報を絞り込むこと、すなわちその場をわかりやすくすることです。構造化によって、子どもはその場の状況を理解しやすくなり、そのうえでいろいろな判断をするようになってきます。注意が必要なのは、ときどき、構造化自体が目的になるケースが見られることです。躍起になって、時間割を絵カードなどで視覚化したり、部屋をカーテンで仕切ったりしていることがありますが、構造化はあくまで手段であって、目的ではありません。

大切なことは、その場を理解してもらい、そのうえで「よし、こうやろう」という合意を子どもに形成してもらうことです。これは、ゼロでも百でもなく、その中間の「双方のすり合わせ」によって成立します。つまり、発達障害の子育ては、ゼロか百の中間こそが大切なのです。

6——子どものことを本当にわかっていますか？

発達障害の子どもたちが日頃困っていることは、目の前の相手のことやその場の状況が「とてもわかりにくい」ということです。周囲はそのことに気づいていないかもしれませんが、当人たちにとっては大きな悩みになっています。また、困ったことに、周りの人たちにとっても発達障害の子どもはわかりにくく、どう関わればいいのかわからないと感じる人がたくさんいます。

よくいわれることとして、定型発達の人は同じ定型発達の人の気持ちはよくわかるが、発達障害（特にＡＳＤ）の人の気持ちはよくわからないというものがあります。また、発達障害の人の気持ちはまあまあわかるものの、定型発達の人の気持ちは少ししかわからないといわれています。このことから、一般の大人と発達障害の子どもとの距離はかなり遠いことが見えてきます。

泣いたり怒ったり、混乱している発達障害の子どもに対して、「どうしたの？　大丈夫よ」とやさしく語りかける大人がいるとします。多くの人がこの関わり方に疑問をもつことはないでしょう。しかし、実際にはこのような関わり方は、多くの発達障害の子どもを混乱させることになります。

やさしさを提供すればするほど、発達障害（特にＡＳＤ）の子どもは戸惑うのです。

子どもは普通、人の親切を喜び、受け容れるようになっていくものだ。だがわたしの場合、親切はひび割れた亀裂のようなものにしか見えず、うまく対処するための心の準備がどうしてもできなかった。（略）衝撃が強くて、パニック状態になってしまうのだ。そうするとまわりの人は、一生懸命わたしを慰めようとしてくれる。だが慰めも、わたしの心を癒してはくれない。慰めは、わずらわしい。そうでなければ、慰めは、わたしの心を傷つける。
（ドナ・ウィリアムズ『自閉症だったわたしへ』河野万里子訳〔新潮文庫〕、新潮社、二〇〇〇年、九八ページ）

ちなみに、発達障害の子どもが混乱しているときは、そっとして、極力関わりをもたないようにするといいでしょう。気にならない程度に距離を保ち、「放っておく」のです。そうすれば、だんだん落ち着いてきます。落ち着いたあとであれば、やさしく声をかけても何ら問題ありません。このプロセスが大切なのですが、残念なことに、多くの定型発達の人がこのような発想を持ち合わせていないのです。

ほかにも、発達障害の子どもから見てわかりにくいタイプの人（定型発達）がたくさんいます。例えば、応答的でない人、反応がわかりにくい人、反応がはっきりしすぎている人、話の最中に変な間《ま》があく人、表情がよく変わる人、ことば数が多い人、感情的に叱る人、曖昧に話す人、早口の人、いい人を演じようとする人、理屈で説得しようとする人、反省を求める人、むやみにがんばらせる人、などが挙げられます。

以上のことから、発達障害の子どもには一般の子育てや教育方法がなじまないことが見えてきます。子どもに人気の明るくてやさしい先生のクラスに発達障害の子どもが一人入るだけで、クラスが崩壊してしまうことがよくあります。多くの子どもに有効な指導や支援が、ことごとく通用しないのです。それでも、自分を変えず、同じやり方を押し通してしまうと、やがて子どもに身体症状（腹痛、チックなど）が出たり、不登校になったりしてしまいます。

だからこそ、大人は定型発達という枠組みからいったん離れ、自分のスタイルを捨て、まずは目の前の子どもから謙虚に学ぶ姿勢をもつことが大切になります。発達障害の子どもは本当に正直です。信頼関係が築けている大人とはうまくいき、安定した学校生活を送ることができます。信頼関係が築けていない大人とは全くなじめず、不登校など明確なＳＯＳを発します。そういうとき「子どもに問題があるから」と子どものせいにするのでなく、まずは自分の関わりに問題はないかと自問自答することが必要です。発達障害の子どもたちを守るためには、大人自身が変わることが最も大切になってくるのです。

7――ネガティブな行動には反応しすぎない

子どもがよくない行動をしたときに、そのつど、口やかましく注意をすることはありませんか？

「ほら、だめじゃない。ちゃんと見て」

「さっきも言ったでしょう。何度言ったらわかるの？」

このように言いたくなる気持ちはわかりますが、いつも注意ばかりしていては子どもとの関係に悪影響を及ぼしてしまいます。そのことを頭ではわかっていても、ついガミガミと叱ってしまうものです。子どもを注意しすぎることは、以下の点で不適切と考えられます。

①余計にイライラさせて、不適切な行動を促進してしまう。

大人のイライラが子どもに伝わってしまい、子どものイライラが増幅されてしまう（情動は伝染する）。

②その場の雰囲気を壊してしまう。

大きな声で注意することで、周りの子どもにもマイナス面の影響を与えてしまう。

③誤学習につながってしまう。

子どもがネガティブな行動をとったときにだけ関わることで、たとえ注意であっても、大人に声をかけられることを好むという誤学習につながってしまう。

①については、基本的に子どもと接する大人は、できるだけ情緒的に安定していることが求められます。それは、専門家も親も同じです。②については、大人のイライラは叱られている本人だけ

でなく、周りの子どもにも伝わってしまうということです。また、③はよく見られる「誤学習」であり、子どもがなぜネガティブな行動をとるのかを読み取れていないことから生じます。結果的に、「注意」→「ネガティブな行動」→「より強い注意」→「再びネガティブな行動」……という悪循環に陥ってしまいます。

では、子どもがネガティブな行動をとったとき、どのように対応すればいいのでしょうか。以下のような方針で関わっていくことが大切です。

・ネガティブな行動にはあまり反応せず、淡々と接するようにする（ポジティブな行動には「喜ぶ」ことで積極的に関わっていく）。

【具体例1】物をわざと落とす子

注目行動のことが多いため、反応せず、怒らず、落ちたものを拾ってもらう（「拾ってね」と言い、子どもが拾ったときには褒める）。

【具体例2】相手をむやみに叩く子

できるだけ事前にブロックして叩かせないようにする。叩いてしまったあとは、叩かれた子への対応をおこない、すぐに注意はしないようにする（興奮しているときに注意をしても聞き入れられない）。

落ち着いてから、短めに「叩くのはよくない」ことを伝え、やるべき行動について話す。

いずれにせよ、最も大事なことは、ネガティブな行動云々ではなく、日頃のさりげないやりとりを大切にしていくことです。毎日、子どものことを気にかけ、丁寧に関わり、信頼関係を作っていくことが、何か起きたときの最大の解決策になるのです。

8――相手に合わせる力は育つのか

発達障害の子どもの多くは、過度なマイペースであり、人に合わせることが苦手という特性があります。マイペースすぎると、どうしても自分のペースで物事を進めてしまいます。例えば、みんなでUNOをしているときに、近くの友達に「○○がいいよ」「僕なら○を出すな」などと横やりを入れるというように、一方的に関わることがあります。ゲームの最中にずっとしゃべり続けるため、その場の雰囲気はよくないものになるでしょう。

ある保護者から、「人に合わせる力を育てることは、必ずしも大切ではない」という話を聞いたことがあります。おそらくそれは、相手に合わせることが苦手な発達障害の子どもに対し、無理に合わせさせるべきではない、という趣旨なのだと思います。「させよう」とすることへの一種の警戒感ともとれます。

しかしながら、将来どのような場で過ごすにしても、多少なりとも人に合わせる力がなければ、周囲の人たちとうまくやっていくことが難しいのも事実です。何かいい方法はないのでしょうか。

当然ですが、「人と合わせること」を性急に求めるのではなく、まずは「人と合っていること」の心地よさを体験してもらうことが大切です。

例えば、楽器遊びで、子どもにタンバリンを自由に叩いてもらいます。そのときに、子どもが叩いたら大人も一緒に叩く、やめたらやめるというように子どものまねをします。すると子どもは、だんだん「自分が叩いているときに、大人も叩いている」ことに気づき始めます。そして徐々に、大人を意識して叩くようになります。そうなればしめたものです。そのまま子どもに合わせていくだけではなく、今度は大人のほうから「タンタンタン」などと誘いかけてみるのです。それを聞いた子どもは、ついまねをして「タンタンタン」と叩くようになるでしょう。そして、同じリズムを叩くことの楽しさを感じるようになります。

このような相互的なやりとりが成立することで、双方の一体感はどんどん深まっていきます。これこそが、「人に合わせる力」の第一歩になります。一緒に叩いたり、交互に叩いたりすることは、子どもにとってとても心地よく感じられるのです。人にはみんな「相手と合っていることを心地よいと思う力」が生まれつき備わっているからです。

つまり、まず最初に、いろいろな形態で相手と合っていることの心地よさを経験してもらいます。それは、音楽だけでなく、遊びや会話、まったりと休む時間など、どんな活動でもいいのです。「合うことの心地よさ」を時間をかけて十分に味わうことができれば、子どものなかに「相手に合わせたい気持ち」が育ってきます。そして、タイミングを見計らって、今度は大人が少しずつ、合っていた部分をずらしていくのです。音楽でいえば、ぴったりと合っているテンポをほんの少し速めたり遅くしたりします。すると、子どもは「ん？　ちょっと速くなった（遅くなった）」とその変化に気づき、自分もテンポを速くしたり遅くしたりするようになります。ここではじめて、「相手に合わせる力」がはたらいてくるわけです。

まずは、子どもの思いやペースを理解し、その時間を十分に共有したうえで、少しずつ、「次はこうしよう」と誘いかけていく。このプロセスを一度実行してみてください。子どもはみんなすばらしい力をもっていますから、案外スムーズに「相手に合わせる力」を発揮してくれるでしょう。

9――「イメージする力」が育てば、子どもはぐんと伸びる

子どもが育つうえで、とりわけ大切になるものがあります。それは幼児期などの初期段階では、「目と手の協応」や「三項関係」「模倣の力」などですが、なかでも特に大事なものとして「イメージする力（象徴機能）」が挙げられます。「イメージする力」が育てば、いろいろなことを臨機応変におこなうことが可能になります。例えていえば、十学んだことが二十にも三十にも広がっていく感じです。もし「イメージする力」が弱ければ、十学んだことは十のままであり、すべてを一つひとつ地道に学ばなければならず、人よりも大幅に時間がかかることになってしまいます。

「イメージする力」の弱さがうかがわれる例としては、ままごと遊びが楽しめない、おもちゃのイヌを怖がる、冗談がわからずことばどおり受け取ってしまう、いつも会っている人が髪形を変えて

歩いていると誰だかわからない、相手の気持ちが読み取れず一方的にしゃべってしまう、物語を読んでも登場人物の気持ちがわからない、「なんで?」「これ何?」などと頻繁に聞いてくる（推察する力の弱さと関連）などが挙げられます。特に発達障害の子ども（ＡＳＤなど）に、その傾向が顕著に見られます。

「イメージする力」が育ってくると、子どもに次のような変化が見られるようになります。

①遊びが広がる。
②予測がしやすくなり、情緒が安定する。
③外界への柔軟な対応力が増す（臨機応変に行動できるようになる）。
④生活場面でできることが増える。
⑤対人関係の相互的な広がりが増す（コミュニケーション力が育つ）。
⑥認知的基盤やことばの力が育つ（学習面にプラスにはたらく）。

それでは、「イメージする力」が弱い子どもに対して、どのように対応していけばいいのでしょうか。まずは、日常的に様々な経験を増やしていく（興味を広げていく）ことが大切です。それは、子どもをただあちこちに連れていけばいいというものではありません。定型発達の子どもであれば、経験を自然に吸収することもできるでしょう。しかし、発達障害の子どもは注意が散漫だったり興味に偏りがあったりするため、それが難しいのです。大人がそのつど、子どもと一緒に見たり聞いたり触れたりする時間を大切にしていく必要があるでしょう。

また、物事について一つの考えに偏らず、多方向から語ったり考えたりすることも有効な手立てです。例えば、「イヌ」にもいろいろな種類がいて、名前や毛並み、色、大きさ、鳴き声などイヌ一匹についても多くの情報があることを、子どもと一緒に話し合います。ほかにも、ジェスチャーゲーム（一人がジェスチャーをして、もう一人が当てる遊び）やイメージ画の推察遊び（線画・略画や絵の一部を見て何の絵か当てる遊び）が有効です。絵描き歌で絵をゆっくり描いて、何が完成するかを当てる遊びも有効でしょう。また、曲のイントロ当てクイズをしてもいいでしょう。子どもがよく知っている曲の一部（イントロ）を演奏し、何の曲かを当てるクイズです。慣れてきたら、曲のイントロではなく、途中のメロディーを弾いても難度が高まり面白いでしょう。

いずれにせよ、発達障害の子どもはそのままの状態では「イメージする力」が育ちにくいということをよく理解し、日常生活のなかにイメージ力が高まるような手立て（遊び）をちりばめていくことが大切です。

10――子どもに合うことをすれば伸びる

「発達の最近接領域」（ロシアの心理学者レフ・ヴィコッキーが提唱）という考え方があります。自分がもっている力を百とし、周りのサポートを得ながら発揮できる力を少し多めに百十とします。この百と百十の差になる十の部分のことを「発達の最近接領域」といいます。言い換えれば、子どもがもっている力と、援助などを受けてできるようになった力の差のことといえるでしょう。そして、療育や教育ではこの「発達の最近接領域」がとても重要な意味をもつことになります。

「発達の最近接領域」の範囲内の課題を丁寧に提供していくと、子どもは最もよく育つといわれています。ちょっとがんばればできるということは、ほとんど自分の力でやっていることになり、自然とやる気が出てくるでしょう。そこでは学習の楽しさを感じられるはずです。子どもの学習にとって、楽しさは学ぶための最大の武器になります。なかには、特別支援学級（中学校）の子どもが普通高校に行くケースさえ出てきます。

その一方で、ときどき子どもの実力よりもかなり高いレベルの課題を提供する大人がいます。例えば、知的障害の中学生（小学校三、四年生レベル）が「もう中学生なのだから」と言われ、中学校レベルの課題に必死に取り組んでいるケースが見られます。もっている力が百の子どもが、二百くらいのことを求められるわけです。そうなると、子どもはどれだけ一生懸命やっても、「自分はできなかった」という経験をすることになります。そのような経験を一年、二年と積み重ねても、子どもの力がアップすることはありません。それどころか、やる気を失い、無気力になり、大人に反発するようになることもあるでしょう。発達レベルが合っていない課題に取り組ませることは、大人の自己満足であり、一、二年たってから全く実力がついていないことに気づいても、そうなってからでは遅く、取り返しがつきません。

だからこそ、実年齢の学習にこだわらず、その子の力がいまどれくらいかをきちんと把握することが大切です。学年を少し下げれば、学習内容がわかるのであれば、躊躇することなく、そのレベルの学習に取り組ませていけばいいのです。ちなみに、小学校四年生くらいのレベルがあれば、将来社会でやっていける最低限の力が獲得できるといわれています。それ以前の学習をおこなっているのであれば、まずは小四レベルを大きな目標にするといいでしょう。たかが小四レベルではなく、そこを超えるかどうかが、将来に大きくつながっていくのです。

11――父親も変わらなければならない

最近、多くの父親が子育てに積極的に参加し、子どもとの時間を大切に過ごしています。なかには、子どもに対する思いを熱く語る父親もいます。熱い思いはいいのですが、熱心なあまり子どもに関わりすぎてしまい、適度な距離感を保てなくなってしまう方がいます。細かいところがどんどん気になってしまい、気づくと指摘ばかりしてしまうのです。そうなると、父親と子どもとの関係がいわゆる「遊び」のようなリラックスしたものではなくなってしまい、いつの間にか「指導」になってしまいます。

子どもがより健全に育つためには、親子関係でほどよい距離感を保つことが大切です。もし、関わる大人が指示や注意、命令など、子どもに一方的な関わりばかりしていたら、子どもは次第にストレスをため込んでしまいます。唯一、指示が有効なのは、子ども自身がやりたいと思っていることを親が応援しているケースです。例えば、子どもが卓球をうまくなりたいと強く願い、多少の厳しい練習もがんばる、というような場合にだけ、父親の熱のこもったアドバイスが役立つことになります。

しかし、自分が求めてもいないことを次々に言われると、子どもは徐々に無気力になっていきます。その様子を見て、さらに厳しく指摘する……。父親ががんばればがんばるほど、子どもは思うようには育たなくなるのです。結局のところ、子どもを「よりよく変えよう」などという傲慢とも思える育て方は、決して子どものためにはならないということを、私たちは肝に銘じなければなりません。

そもそも、私たちはそのような一方通行の関わりで、健全な子育てができるのでしょうか。子どもが最も伸びるためには、父親が子どもにとって、安心できるパートナー（相棒）になる必要があります。そのうえで、子どもを変えることができる人は、子どもと関わる過程で、自分自身も変わっていくことができる人なのです。

精神分析家のエリクソンは言うのです。子どもを変え得る人というのは子どもとの交わりの中で自分が変わり得る人だと。一方的な影響というのはないのだと。

（前掲『佐々木正美の子育て百科2』六六ページ）

子どもと関わる大人は、父親であれ誰であれ、子どもとの時間を楽しみ、子どもから影響を受けて、自分も変わっていくことを楽しめる人にならなければなりません。そのことを日々実感する必要があるでしょう。少しでも子どもに「させよう」と思い、イライラしてばかりいれば、その気持ちは子どもに伝染してしまうのです。親子は関係性のなかで成り立っています。一方が変わり、一方は変わらないなどということはありえないのです。

そうかと思えば、母親に任せきりになり、いつの間にか子どもとの関係が疎遠になってしまう父親も見かけます。父親には父親の役割があります。父親がきちんと関わっている子どもは土台がしっかりと築かれ、揺るぎない安定感が見られます。この機会に、いま一度、父子関係を考え直してみてはいかがでしょうか。

12――ユーモアのセンスを大切にする

いろいろな専門家を見ながら関わりが上手だなと感じる人に共通する部分として、専門性にプラスして、「おちゃめさ」「子どもっぽさ」「ユーモアのセンス」を持ち合わせていることが挙げられます。子どもと関わっている姿は、大人対子どもというよりも、まるで子ども同士が一緒に遊び、楽しんでいるといった感じです。

一般的に、教師や子どもの専門家の多くは、少々まじめすぎるという傾向があります。まじめさは否定されるものではありませんが、それもすぎると、お互いの関係性が息苦しくなってしまいます。一生懸命活動に取り組んで何かができるようになることは大切ですが、本来、そのようなことは、「一生懸命」教えるのではなく、「楽しく」「わかりやすく」「やりとりを楽しみながら」伝えていかなければなりません。

発達障害の子どもの多くは、柔軟性や臨機応変の力に課題があります。人の気持ちが読み取れない、冗談が理解できない、大人になって職場の同僚や上司とうまくいかない、などのケースが報告されています。まじめさは大切ですが、人が生きていくということは、もっと柔軟で豊かなものでなければなりません。そのため、まず大人自身が子どもに対してユーモアたっぷりに関わることが必要です。子どものユーモアセンスは、できるだけ幼い時期から磨かれなければなりません。柔軟性に課題がある子どもであれば、なおさら早い時期から取り組む必要があるでしょう。

ユーモアのセンスを持ち合わせている大人は、子どもの前でユニークに振る舞うことができます。寝ているふりをしている大人に、笑いながら「起きろ〜」と叫ぶようになった子どもは、自分だけでなく、周りの子どもも楽しませるようになってきます。それこそが「冗談がわかる」ことであり、ユーモアの力を身につけることは、その子の将来に大きなプラスになっていくのです。

なかには、冗談ばかり言っていると子どもがふざけてしまい、収拾がつかなくなるのではと心配する人がいます。大人がきちんとしていないと、子どもは秩序を保てなくなるのではと考えてしまうのでしょう。しかし、子どもはみんな、成長するにつれて「ふざける」と「まじめにする」をきちんと区別できるようになっていきます。そもそも、子どもは大人を一面的に見ているわけではなく、いろいろな面があることを知ったうえで、その場に応じた振る舞いができるようになっていきます。成長するためには、一人の人間にはいろいろな面があることを理解する必要があります。その臨機応変さを作り出すのが、まさにユーモアがある生活といえるでしょう。冗談を理解し、みんなと一緒に笑えることは、コミュニケーションや社会性の育ちにとってこのうえなく大きな力になっていくことを、私たちはいつも頭に入れておく必要があるでしょう。

第3章
子ども自身の悩みに答える

教師や保護者からよく、「こういうときはどうすればいいのか」という質問を受けます。子育てに「こんなときどうする」というトリセツ（取扱説明書）があったら便利なのかもしれません。しかし実際には、子どもによってケースは異なり、誰にでもぴったり合うQ＆A集は存在しません。子どもの実態や関わる大人の性格が違えば、せっかくのアドバイスも当てはまらなくなってしまいます。

しかしながら、どの子どもにとっても大切なことというのは、まぎれもなく存在するのも事実です。本章では、できるだけハウツーにならないように大切なことを述べながら、最終的にやるべきことは読者のみなさんの判断に託すようにしています。具体的には、子ども個人の悩みについて、本人や周りの大人がやるべきこと、やってはいけないことを中心にまとめています。

なお、本章は、子どもの発達で最も基本になる「感覚・身体」からスタートしています。身体面への丁寧なアプローチなしには、そのあとのスムーズな発達は望めません。そして、それは幼児期から学齢期にかけて大きな問題になる「情緒・行動」「対人・コミュニケーション」へと続いていきます。一つひとつ積み重ねることで、本章の最後の「生活・学習」に結び付いていくわけです。

1――感覚・身体

》Q1　人から触れられることが苦手

人に体を触られたり、人がすぐ近くに来たりするのをいやがることを「身体の受け入れがよくない」といいます。自閉スペクトラム症（ASD）の子どもには、身体の受け入れがよくない子が多く、その結果、物に関わることが苦手だったり、いろいろな操作が不器用になったり、対人関係がスムーズにいかなかったりなどの影響が出やすくなります。また、そのようなタイプの子どもは、感覚過敏が強く、衣服の素材を気にする、散髪や耳そうじ、歯磨き、爪切りが苦手になるなど、日常生活にも影響が及んできます。特に人との関係は自分と相手の身体のつながりを前提にしていますから、触覚防衛が強いと相手と安心して関われなくなってしまいます。いくら「○○ちゃんと仲良くね」と言われても、お互いの身体的距離が縮まらないと関係はうまくいかないのです。

触覚防衛の程度は、発達障害のレベルと深く関係しているといわれています。すなわち、発達障害の気質が強ければ強いほど、感覚過敏も強くなります。ASDの乳幼児が、抱っこされただけで「ギャー」と拒否を示すのはそのためです。ASDの子どもの場合、人が怖かったり、周りを警戒したりするため、愛着形成がスムーズに成立しないということもあります。大人になって握手を求められて拒否すれば、人間関係に影響が出てしまうでしょう。

触覚防衛の対応策として、だんだん慣れさせるという考えのもと、人からの接触をどんどんおこなうという指導がときどき見られます。しかし、それはとても不適切なアプローチです。触られることが本当にいやな子どもたちにとって、回数を増やせば慣れるということは決してありません。それどころか、かえって人との接触に嫌悪感を抱くようになるでしょう。

では、どうすればいいのでしょうか。具体的には、以下のように、段階的な身体活動を取り入れていくことが有効です。

・体に触れられる前に、まずは自分からいろいろな物や人に触る（触られるのではなく、自分の意思で触る、最初は少ない接点からスタートさせていき、ハイタッチやグータッチなどで一瞬の接点をもつ。大人の手または指一、二本を握る）。

・手をつなげるようになったら、両手をつないで手を揺らしたり、ひっぱりっこ（ギッタンバッコン）をしたりする。

・いろいろな素材の物（楽器やおもちゃ、道具、など）に触れる機会を設けていく。

・軽いマッサージやごく短時間のくすぐり遊び、「アルプス一万尺」などの手遊びをおこなう。

・自ら物や人に関わり、手つなぎができたあとは、体全体を使った遊びを取り入れる（相撲、じゃれつき遊び、おしくらまんじゅうなどを、最初は体の一部に触れ、できるだけ少ない接触からおこなう。

体全体の接触に抵抗をもつ場合は、手押し相撲など、あくまでも体の一部の接触に限定するといい）。

≫Q2　音や音楽に過敏に反応する

音や音声、音楽の受け入れが難しく、過敏に反応する子どもがいます。いろいろな音が聞こえてくると手で耳をふさいだり、部屋の隅に逃げたり、場合によっては泣きだしたりします。特に、集団場面での音や声は、騒音となってパニックを誘発しやすいものです。

このような聴覚の過敏性は、ASDの子どもに多い特性といわれています（一部の注意欠如・多動症〔ADHD〕の子どもにも見られます）。聴覚過敏がある子どもにとっては、ほかの人が何とも感じていない音でも「まるで黒板を爪で引っ掻いたような音」に感じることがあるのです。脳の情報処理が関係しているため、繰り返し聞いても慣れることはありません。また、不安やストレスが強いときのほうが、聴覚過敏の傾向がより強くなるともいわれています。

苦手な音の例としては、そうじ機、ドライヤー、食器がぶつかる音、小さい子どもや赤ちゃんの泣き声、大勢の人がいる部屋（ざわざわした声や音）、運動会のピストル音、救急車のサイレン、車のクラクション、ドアの開け閉めの音、特定の楽器音などが挙げられます。なかには、いやな経験とそのときの音・音楽が結び付き、一時的に特定の音・音楽に拒否を示すケースもあります。

◉一見、音楽が苦手な子どものケース

ある学校の先生が、「Bくんはリトミックで「歩く」ときに、伴奏者が『となりのトトロ』の

「さんぽ」を弾くと泣いてしまう。きっとその曲が嫌いなのでしょう」と話していました。あるとき、別の先生がちょっと工夫して、「さんぽ」とわからないような前奏をボリュームを下げて弾き、だんだん「さんぽ」らしく主旋律を弾いていったところ、Bくんはいやがることなく、とても楽しそうに歩いていました。

このケースの背景には、Bくんが『となりのトトロ』の「さんぽ」の音楽で歩くよう何度も促され、それをいやがり、泣いたという経緯がありました。つまり、いやな経験とその場の音楽が結び付き、歩くのを拒否していたわけです。しかし、Bくんはその音楽自体が嫌いなわけではなく、Bくんのペースに合わせて音楽を提供していくことできちんと受け入れることができたのです。

このほかにも、音や音楽が嫌いなのではなく、好きすぎて（刺激が強すぎて）、つい耳をふさいでしまうというケースがあります。その場合は、ごく弱い聴覚刺激（歌や曲など）を聞かせ、徐々に音量を上げ、少しずつ慣れていくようにしていくといいでしょう。つまり、耳から入る情報は、音の大きさや量によって好きにも嫌いにもなるということです。

もちろん、本当に苦手な音があるときには、無理強いをすることは禁物です。その場合は苦手な音を特定し、極力出さないようにします。例えば、運動会のピストル音が苦手であれば、「よーいどん」のかけ声にしたり合図の笛に変更したりするといいでしょう。ざわざわした場が苦手であれば、静かな、クールダウンできる別室を用意することが有効です。

また、一時的に耳栓やイヤーマフ（防音保護具）を使う方法もあります。ただし、耳付近の触覚防衛が強い子どもには配慮が必要です。また、耳栓やイヤーマフは必要な情報も聞き取りにくくなるため、伝わりにくい部分を視覚的な支援（絵や図、文字など）で補っていくことが大切です。

≫Q3　こだわりが強い

発達障害（特にＡＳＤ）の子どもの大きな特徴に「こだわり」があります。よく見られるのが、手をひらひらさせる、ピョンピョン跳ぶなどの常同行動、いつも同じ道を通る（道順）、同じ手順で行動する、ミニカーや靴など何でも一列に並べる、同じ歌ばかりリクエストする、しょっちゅう水道に行く、などです。そしてこれらは、社会的な観点から問題になるものと、そうでないものに分けることができます。

こだわり自体は、なくそうと思ってもなくなるものではありません。生涯続くことになります。というより、むしろ子どもにとって「なくてはならないもの」なのです。こだわりは、まるで大海に浮かぶボートのようなものであり、なくなったら子どもは溺れてしまいます。

では、こだわりに対してどのように関わればいいのでしょうか。まず、あまり問題にならないこだわりは、そのままにしておきます。例えば、くるくる回るという常同行動は、そのままでは人に迷惑をかけることはないでしょう。そのため、基本的には放っておくのです。このような常同行動は、「紛らわし行動」といって気持ちの安定にもつながっています。もし、回ることが不都合であれば、目立たない場所に移ってもらえばいいでしょう。また、規則正しい生活をする、漢字博士のように漢字に詳しくなる、といったこだわりは本人にとってプラスになることが多いため、積極的に応援していきます。

◉特定の歌ばかり、リクエストするケース

いつも同じ歌をリクエストする子どもがいます。この場合、その子が好きな歌を歌いながら、歌詞を一番だけから二番三番と増やす、伴奏の雰囲気（アレンジ）を変える、いつもと違う楽器で伴奏する、調を変える、メロディーが似ている歌を歌うなどの工夫を取り入れながら、ほかのものに広げていきます。

もし、こだわりが社会的に見てよくない、あるいは本人にとってよくないと思われる場合は、覚悟を決めて子どもと対決し、やめさせることも一つの方法です。ただし、これはとてもエネルギーがいることです。本人も全力で抵抗してくるでしょう。そのため、絶対に譲らないですむ内容を見極め、それに限って対決することにします。対決したのに負けて許してしまえば、余計にこだわりを強めてしまうことにもなりかねません。どうしてもうまくいかないときは、全面的に譲るのではなく、「ここでならやってもＯＫ」などと条件を付け、つまり交渉して、子どもに納得してもらうことも考えます。

気をつけなければならないことは、いったんは禁止したものの、抵抗されると「つい許してしまう」ということです。途中で方針を変えると、こだわりは減るどころか、かえって増えてしまうことになります。以前よりもしっかりと定着してしまうのです。中途半端におこなうよりは、ある期間放っておくほうがいいかもしれません。しばらくは続くでしょうが、やがて飽きてしまうこともよくあります。その意味では、焦らずおおらかに見守ることも、有効な対応策になるのです。

こだわりは必ずしも「よくないこと」ではありません。こだわりをその子の嗜好性や生活世界が見えてくる貴重な行動と捉え、「このこだわりをどう変化させていくか」と柔軟に思考をめぐらせることが大切です。

≫Q4　姿勢が崩れる

椅子に座っていても、すぐに立ち上がったり、机に肘や頭をついたり、体を揺らしたり、床でゴロゴロしたり、体がぐにゃりとなるなど、姿勢が崩れやすい子どもがいます。一定の時間座っていられないため、大人の指示を聞いていなかったり、活動に集中できなかったりなど、いろいろな面で支障が生じてしまいます。当然、注意を受けることが多くなり、それが刺激になってさらに動いてしまうという悪循環に陥ることもあります。また、叱られてばかりいることで自己肯定感が下がり、不安になったり、ふてくされたり、わざと人に絡んだりすることもあります。

特にASDの子どもは、話を聞くときに姿勢を保持することが難しいといわれています。いつもどこかに寄りかかっていたり、机に肘をついていたりすることがよくあります。そんなとき、多くの大人（特に学校の先生）は「まずは姿勢を正すことから」と考えるのではないでしょうか。

ASDの子どもは基本的にシングルフォーカス（一つのことしか焦点を当てられない）といわれています（本書三七ページも参照）。そのため、姿勢を正すことに意識を集中させると、ほかのこと

（先生の話を聞く）への意識は弱くなってしまいます。複数の事柄を同時に考えるマルチタスク（同時並列処理）が難しいのです。つまり、姿勢がよくないほうが（姿勢に意識がいかないほうが）、ちゃんと話を聞いていることになるわけです。私たちは「姿勢のよしあし」に注目するのではなく、活動に向かいやすい状況を作ることに力を注いでいく必要があるのです。

よく「式典など、みんながきちんとしている場ではどうすればいいのか」という質問を受けますが、そのようなときは、姿勢だけを重視し、話は聞いてなくてもよしとするといいでしょう。両方を同時に求めるのは、子どもにとって大きな負担になってしまいます。

姿勢が崩れる理由として、ほかにも多動や周りの刺激に敏感に反応するというADHDの特徴、運動感覚（前庭・固有感覚）が不十分という発達障害全般の特徴、または体を支える体幹の弱さや筋肉の課題（筋緊張の弱さ）、座る習慣が身についていないという、知的障害の子どもによく見られる特徴などが考えられます。

いずれのケースも対応は共通していて、以下のようなアプローチをおこなっていきます。

- 固有感覚や前庭感覚へのはたらきかけ（ゴロゴロ転がる、シーソー、鬼ごっこ、タオルで綱引き）
- ボディーイメージを高める運動（ゴムひもまたぎ・くぐり、すべり台、トランポリン、ジャングルジム、アスレチック）
- バランスをとる運動（かかと歩き、つま先歩き、膝立ち、バランスボールに座る、ブランコ）
- 非日常的動作（後ろ向き歩き、坂道の後ろ向き歩き、大玉転がし、など）

・移動する運動（ハイハイ、高這い）

》Q5　手先が不器用

こまを上手に回せない、本のページをうまくめくれない、はさみで紙をうまく切れない、スプーンや箸を上手に使えない、コンパスを使うのが苦手など、手指の操作性に課題をもつ子どもがいます。つい教え込もうとしますが、苦手なことをがんばらせても、なかなかうまくできるものではありません。

手を使うということは、必然的に目も使うことになります。この「目と手の協応」は、子どもの発達にとって大きな意味をもっています。考えてみれば、幼稚園や学校でおこなわれる活動の多くは、目と手を使うものといえます。目と手を使ううちに、頭も使うようになり、どんどん知的に高まっていくのです。

脳について考えてみると、手指の操作をつかさどる部分（運動野）は、ことばをつかさどる場所（言語中枢）の隣にあり、手指を使えば使うほどことばの発達にいい刺激を与えることになります（中川信子『健診とことばの相談――1歳6か月児健診と3歳児健診を中心に』ぶどう社、一九九八年）。つまり、人は手を使うことで、ほかの数多くの力も獲得できるのです。

手先が上手に使えないと、多くの人は「練習を積み重ねる」という手段をとるでしょう。しかし、発達的には、手先という「細かい操作」に取り組む前に、まずは体全体を使った大きな運動をするほうが、発達の順序性としては理にかなっています。大きな動作（粗大運動）を十分におこない、そのうえで細かい動作（微細運動）をおこなっていくのです。

その際、まずは、できないことを必死に練習するのではなく、土台になる力を楽しみながら身につけていくことが大切です。

◉箸をうまく使えないケース

箸を上手に使えない子どもがいます。その場合、箸で食べる練習ばかりおこなうのではなく、上手に使えるための土台づくりをします。箸が使えるためには、①指で「3」を作れる、②閉じた○が描ける、の二点が必要といわれています。これらの力を育てるためには、指で3を作ったり、○を描く練習をしたりするのではなく、日常的に手をたくさん使い、折り紙やブロック、パズルで楽しく遊んでいきます。

運動面でのサポート例としては、以下のものが考えられます。

〈粗大運動〉散歩、バランスボール遊び、鬼ごっこ、大型遊具

〈微細運動〉シール貼り、折り紙、粘土遊び、はさみ切り、楽器の操作、ブロック、手遊び、洗濯物たたみ、食器並べ、ビンの蓋の開け閉め、茶碗洗い

なお、ボタンかけやひも結びなどのやや難しい操作（協応動作）は、途中まで大人が手伝い、最後は子どもにやらせるようにします。結果的に自分でできたという経験をさせることが大切です（手伝いは徐々に減らしていきます）。成功体験は、いろいろな活動への自信につながっていくのです。

2——情緒・行動

≫Q6　多動や衝動性が見られる

注意が長続きせず、あちこちに興味が移って立ち歩いたり（多動）、衝動的で、思いついたらすぐに動いたりしてしまう子どもがいます。これらは、脳が気持ちと体の動きをうまくコントロールできないからだと考えられ、発達障害（特に注意欠如・多動症〔ADHD〕）の子どもによく見られる特徴です。

落ち着きがないとつい注意をしたくなりますが、周りに迷惑をかけるのでなければ、基本的に放っておくことが大切です。実際のところ、一つひとつに大人が反応しても特性自体が変わることはありません。多動・衝動性が強い子どもは、それだけ大きなエネルギーをもっていて、フットワークが軽く、好奇心が旺盛で、発想も豊かという面もあります。現に、大人になってからクリエーティブな仕事に従事する人も少なくありません。

多動に関しては、脳のなかの神経同士のやりとりがスムーズになる十歳ごろにだんだん改善してくるといわれています。実際に、小学校五年生ごろから落ち着いてくる子どもがたくさんいます。そのため、焦らないこと、そして注意ばかりして子どもの自己肯定感を下げないようにすることが重要です。

例えば、子どもがふざけて物を壊してしまい、しばらくふてくされたあとに小声で「ごめん」と言ったとします。この場合、大人は「だから言ったでしょう」「もっと大きな声で謝りなさい」ではなく、「よくごめんが言えたね」「えらいね」と言います。否定はせず、肯定的に話しかけます。とにかく大目に見る、おおらかに接することを心がけるのです。一週間全く叱らない期間を設けると、子どもの不安が大幅に解消されることもあります。

また、勉強や運動などをあまりがんばらせないことも大切です。ADHDの子どもは、必死に努力させて伸びるタイプではありません。ひょうひょうとしながら、何となく結果を出していくことが多いのです。ほかにも、話しかけても内容をうまく聞き取れないケースがあります。聞き分ける力の弱さが関連しているため、話は短めに、わかりやすく伝えるといいでしょう。あわせて、聞き分ける力を高める活動（文章の間違い探し）をおこなうことも有効です。

さらに、ADHDの症状を緩和するための薬を服用することも有効です。現在、コンサータ（メチルフェニデート）、ストラテラ（アトモキセチン）、インチュニブ（グアンファシン）、ビバンセ（リスデキサンフェタミン）の四種類の薬が処方されていて、医師と相談しながら服用するといいでしょう。なお、薬は一時的に症状を和らげるものであり、その間に周りの人たちとのいい関係づくりをおこなっていくことが大切です。

最後に、多動に対しては、少し待つ場面を設けたり、手続きがある遊び（スリーヒントクイズ、ボウリング遊び）や全身を使う運動（トランポリン、人間ぶらんこ、ゴムひもまたぎ・くぐり、タイヤ越えジャンプ、縄跳び、キャッチボール）をおこなうことも、その減少に役立つことを知っておきましょう。

≫Q7　不安傾向が強い

集団生活で、いつも不安そうにしている子どもがいます。自分の間違いに敏感で、苦手なことになかなか向かおうとしません。また、意思表示が弱かったり、受け身の姿勢が見られたりします。特に発達障害の子どもは、相手の気持ちが読み取れない、状況理解が難しい、理由がわからず注意を受ける、などによって知らず知らずのうちに不安が強まってしまいます。なかでもＡＳＤの子どもは、何でもきちんと仕上げたいという気持ちが強く、それがうまくいかないと不安になったり、見通しがもてずに予定変更に不安を抱いたりしてしまいます。

不安傾向をもつ子どもに対してまずやるべきことは、子どもに安心感をもたせることです。多くの支援者は、子どもにいろいろな力を身につけさせようと考えますが、できることを増やしていっても、不安が解消されるわけではありません。そうではなく、ここでは「がんばらなくてもいい」というメッセージを打ち出していくことが大切です。

安心できる環境とは、誰からも評価の目を向けられない場であり、リラックスできる空間を意味します。話は飛びますが、アメリカ軍に所属する軍人でも、長期的に精神的なダメージを受けた場合、まず「暖かくして自宅で三日間休め」という指示を受けるそうです。その間に、緊張感や警戒感から解き放たれる時間を確保し、体力を回復し心をリセットさせるわけです。つまり、安心感を高めるためには、はたから見て「さぼっている」でいいのです。

特にＡＳＤの子どもについては、予定変更など変化への不安を抱かないよう、見通しをもたせることが必要です。発達障害の子どもは、これから起きることがよくわからないため、スケジュールに対してとても敏感です。そのため、先のことをわかりやすく説明することを大事にします。また、日頃から生活パターンを固定化せず、ときどき予定や内容を変更することを心がけます。小さな変更を受け入れる経験を増やしていけば、不安は徐々に減ってくるものと思われます。

実は、子どもはいまいる場所で安心して過ごせるようになると、別の場所でも安心できるようになるといわれています。

◉集団場面で過ごすことが苦手なＡくん

Ａくんは、幼稚園で不登園になり、小学校の六年間のうち低・中学年を特別支援学級（支援学級）で過ごしました。そこで安心感をたっぷり味わったのち、高学年からは通常学級で過ごせるようになりました。Ａくんにとって、がんばらなかった時間はとてもいい経験になりました。子どもの育ちにとって、安心感に勝るものはないのかもしれません。

ところで、まだ起きていないことを心配することを「予期不安」といいます。発達障害の子どもには、予期不安が強い子がたくさんいます。そして、周りに自分のことを心配してくれる人がいると、予期不安はどんどん高まるといわれています。大人の役割は、子どもを心配することではなく、子どもを健康的に自立させることにほかなりません。そのためには、ある程度子どもと距離感を保ち、そんなに心配していないという姿勢を見せていくことが大切です。
ほかにも、不安解消につながることとして、選択場面を設けることが挙げられます。自分で選ぶという経験は本人の自信につながっていきます。また、発散的な活動と落ち着ける活動をうまく組み合わせることも有効です。元気なときは発散的な活動を、気持ちが沈んでいるときは静的な活動をおこなうといいでしょう。

》Q8　パニックを頻繁に起こす

気持ちが混乱しやすく、頻繁にパニックを起こす子どもがいます。突然大きな声を出したり、泣き叫んだり、どこかへ行ってしまったりします。特に発達障害の子どもには、パニックを起こしやすい子がたくさんいます。それには、自己コントロール力の弱さが関係しているものと考えられます。

パニックを起こしたとき、どうすればいいのでしょうか。基本的な姿勢として、「どうしたの?」「大丈夫?」などとなだめることはせず、とにかく落ち着いて対処することが大切です。そもそもパニックを起こしている最中に、人の話を聞くことなどできるのでしょうか。「どうしたの?」と聞かれても、きちんと理由を言える子どもなどいません。そのため、パニックを起こしたときは、そのままにして治まるのを待つしかありません。つまり「放っておく」のです。その際、安全面に配慮し、いまいる場所から少し移動させるといいでしょう。場が変わることで、子どもは気分転換しやすくなります。

子どもが混乱したときに、大人がやさしく声をかけ、その人とともにその場の困難を解決することがあります。しかし、それは適切ではありません。そのときには解決できても、相手とともに解決したことになり、子ども自身が自力で解決したことにはなりません。結局、子どもはいつも誰かが一緒でないと困難を乗り越えられなくなってしまいます。その意味でも、パニックに対しては、声をかけたりせず、そのままにしておくことが大切です。

パニックは起きてから解決するよりも、以下のように予防的な対策をとることが重要です。

・まずはパニックが起きたときの状況を細かく観察する（いつ、どのような状況で、誰が関わったときに多く起こるかということを見ていく）。
・明らかなストレス要因が見つかれば、取り除いていく（特定の子がしつこく関わる、先生がほかの子を大きな声で叱る、など）。

ときどき、自分の思いどおりにならなくてパニックを起こす子どもがいます。お店でほしいものが手に入らず、大声で泣いたり騒いだりするのです。そのときに、一度は「ダメ」と言ったものの、大声にひるんで「じゃあ、きょうだけね」と応じてしまうことがあります。このやりとりは、パニックの解決法として最も不適切なものといえます。「騒げば主張が通る」ということを、子どもが学習してしまうからです。次回からさらに大きなパニックを起こすようになるでしょう。この場合、買うなら買う、買わないなら買わないということを徹底させることが大切です。大人は覚悟をもって子どもと関わる必要があるのです。

なお、パニックの予防として、見通しをもちにくい子どもにはこれからの予定をわかりやすく予告することが有効です。また、自己コントロールの力を高めるために少しだけ待つ場面を設けるなど、ごく小さな困難を乗り越える練習をするといいでしょう。それによって、少しずつ耐性を身につけていくことが可能になります。いずれにせよ、日々子どもの気持ちを十分に受け止め、安心して生活できる環境づくりをおこない、子どもがストレスをためないようにすることが大切です。

≫Q9　すぐにちょっかいを出す

ちょっと気に入らないことがあると、すぐに友達に手を出す子どもがいます。あるいは、何もなくても人を叩いたり、蹴ったりする子どもがいます。それは、自分の気持ちをうまくコントロールできなかったり、発散のためにおこなったりしているものと思われます。つまり、たまったストレスを不適切な形態で表出しているわけです。

発達障害の子どものなかには、このような行動をとる子が多くいます。歩いている子に足を出して転ばせて、相手が怒ると平気な顔で「やってないよ」と言う。しかも、本人にとっては嘘をついているつもりはない、という不思議なことが起きるのです。なぜ、このようなことが起きるのでしょうか。

ADHDの子どもの場合、考えるよりも先に手や足が出てしまう、つまり無意識に出てしまうので、思わず「やっていない」と言ってしまいます。その行動は、その子と関わりたい、もっと自分を見てほしい（注目行動）という気持ちの表れでもあるのでしょう。誰彼かまわずやるわけではなく、決まった相手（個人または複数）におこなうことが、それを物語っています。

また、ストレスも大きな要因になります。発達障害の子どもはマイペースで、自分の思いどおりにならないとイライラしがちです。常に満たされていないのです。そのため、はたから見ればルール違反に見える「ちょっかい」も、彼らにとっては自分のペースを取り戻すための手段になるのかもしれません。そのうえ、発散もできるため一挙両得です。

ちょっかいを出せば、当然トラブルに発展します。ちょっかいを出された相手のなかには、スルーする子どももいるでしょう。しかし、常にやられっぱなしではなく、ある日怒りを爆発させることもあるのです。

トラブルになったとき、ちょっかいを出した側に理由を聞いても、多くの場合「わからない」と言います。なかには「何もやっていない」と言う子もいます。本当になぜだかわからないのです。自分が相手に与えた「いやな気持ち」には全く思いが至らず、自分がされたことだけを主張する。それが発達障害の子どもの大きな特徴であり、問題になるところです。

では、どうすればいいのでしょうか。まずは、子どもがストレスをためないようにすることを心がけましょう。なかには勉強ができる子もいますが、テストの点数を競わせたりすると、競争心が過度に高まり、勝つことへの執着がエスカレートし、それがストレスの要因になってしまいます。そうならないために、日頃からいろいろな手伝いをしてもらうといいでしょう。自分のメリットばかりを考えがちな子どもにとって、一見無価値な活動に思える手伝いに取り組むことはとても有効です。

◉手伝いによって身につく力

どうしたらうまくできるかと考える力、問題解決のスキル、臨機応変な思考、段取りよく動く力、人と協力する力、相手への気配り、粘り強く取り組む力。

いずれにせよ、ちょっかいだけに注目せず、安定しているときに子どもと思い切り遊び、笑い、大いに満足感を味わうことが大切です。気に入った相手と思う存分楽しむ時間をもつことは、情緒の安定にとって最も効果的です。それが自己コントロールの力にも結び付いていきます。言い換えれば、日常的にリラックスした環境をどれだけ提供できるかが鍵になってくるのです。

Q10 過度のマイペース

過度なマイペースとは、自分のペースで物事を進めたり、自分の世界に入って周りと関わりをもたなかったりする様子をいいます。それは、相手のペースに合わせられないことを意味します。例えば、運動会の練習に参加せず一人別の場所で遊んでいたり、みんなでゲームをしているときにどんどん先に進めてしまったり、一方的におしゃべりを続けたり……。このような特性は、発達障害の子ども（特にＡＳＤ）に多く見られます。

そのような子どもに対して、どう関わっていけばいいのでしょうか。もし、その子のペースが集団場面でさほど大きな問題にならないようであれば、ある程度は受け入れていくようにします。発達障害の子どもと関わるときは、特性をすべて否定せず、多くの場面でおおらかに接することが求められます。

ときどき、周りに合わせるよう、ことばで説得していることがあります。「順番を守ってね」「〇〇ちゃんがコマを進めているよ」などと言っても、それはほとんど効果がありません。それどころか、逆にマイペースを強めてしまいます。

ここでは、説得ではなく、流れを断ち切ることが有効です。それは、終わりを作り、こちらのペースに流れを取り戻すということです。

おしゃべりが止まらなければ、聞く姿勢一辺倒から、こちらから質問するようにします。例えば、電車の話であれば、「その電車はどこを走っているの?」などと聞くのではなく、全く別の話題を提供してみます(「この前のゲームで、最後までクリアしたよ」)。この場合、話の内容が無関係であればあるほど効果を発揮します。やがて子どもは自分の話をやめて、こちらの話を聞くか、その場を離れてしまうでしょう。

このような例から、マイペースすぎる子どもは、自分で「終わり」が作れないことがわかってきます。終われないから、どんどん自分のペースを強めてしまうのです。だからこそ、こちらもマイペースで応戦していきます。こちらのペースに巻き込まれた子どもは、いやがるどころか、終わることができてホッとする様子さえ見せます。そこには、ASDの特性がよく表れています。

とはいえ、子どもを巻き込むことはやさしいことではありません。もし難しいようであれば、日頃から何らかの提案をしてみるといいでしょう。例えば、歌の場面で「私はきょう、これが歌いたいな」とはたらきかけます。子どもが乗ってくれたら、次は本人の希望を取り入れていきます。

もし、どうしても「これが歌いたい」と主張してきたときは、すべてに応じるのではなく、条件をつけるようにします（「了解。その前に、秋の歌を歌ってからにしよう」「歌ったあと、次は○○ちゃんが選んだ歌にしよう」など）。または、歌の順番を本人と一緒に話し合って決めていきます（じゃんけん、さいころ、くじ引き、など）。一緒に決めたのであれば、本人の希望も反映され、少しだけ「待つ」「譲る」経験をすることになり、それがマイペースさを和らげることにつながるのです。

このようにマイペースさには、ことばで説得せず、こちらの考えをやんわりと提案し、いろいろな交渉をしながら本人が納得できる落としどころを作ってもらうことが大切です。つまり、マイペースという一方的な表現に対し、こちらがいかに柔軟に対応できるかが重要なポイントになってくるのです。

≫Q11　勝ち負けにこだわる

ゲームをしていて、自分が負けたときにすぐにキレる子どもがいます。そのような子はゲームに限らず、算数の問題が解けない、板書がみんなよりも遅いなどの理由で、すぐにイライラしてしまいます。この「一番病」は、発達的には成長の一過程であり意味があることですが、そこで停滞し、長い期間「キレる」状態が続くことがあります。なぜ勝ち負けにこだわるのでしょうか。

まず考えられるのが、勝ち負けがゲームのなかのことにすぎないという状況の理解が難しく、

「負けること」「問題が解けないこと」イコール「ダメなこと」と思い込んでしまうケースです。このタイプは、「まあいいか」「こういうときもあるよ」と考えることが難しく、白黒をはっきりさせたがる傾向があります。勝つことばかり考え、負けるかもしれないということに考えが及ばないのです。これらは、発達障害の子ども（特にＡＳＤ）によくある特徴です。

ちなみに、ＡＳＤの子どもを小さいころから「がんばれ」と競争を強いる環境に置くと、「一番病」がどんどん強くなるといわれています。学校教育は、「みんな仲良く」と言いながら、運動会や試験など随所で競争場面があるため、ＡＳＤの子にとってとてもわかりづらい環境なのです。特に、受験勉強のシステム（点数、順位、偏差値など）にハマりやすく、どこの学校の偏差値はいくつだ、塾で上位のクラスだなどと、価値観が一元化されることになってしまいます。

勝ち負けにこだわる子どもには、どう対応すればいいでしょうか。基本的に、ゲームなどに負けて「キレる」場合は、放っておけばいいでしょう。しばらく様子を見て、その子が立ち直る（その場を自力で解決する）のを待つのです。その際、声をかけたり励ましたりをしないほうがいいでしょう。解決できても「誰かとともに困難を解決する」ことになってしまうからです。あくまで、自分で解決させます。大きく混乱したときは、とりあえず別室に連れていき、クールダウンを図るといいでしょう。この場合も、多くを語らず、距離を保って、子どもが落ち着くのを待ちます。ほかにも、以下のような方法が考えられます。

・大人が「もうおしまい」とゲームセットの審判の役割をする（ノーサイド、残念会を開く）。

・最初は大人が（わざと）負けて、子どもに数回勝たせたあと、徐々に大人が勝つ回数を増やしていく。
・「黒ひげ危機一髪」ゲームで人形を飛ばした人を勝ちにする（勝ち負けのルールを逆転させる）。
・ゲームに負けた人が次にやりたいゲームを提案できるようにする。
・勝ち負けがないゲーム（みんなが何かを取れる宝探し）や、勝ったり負けたりするゲーム（「あっちむいてホイ」「ハンカチ落とし」「フルーツバスケット」など）を取り入れる。
・日頃から、子どもがゲームに負けてもキレなかったり、泣くのをがまんしたりしている様子を見せたら、すぐに褒めてあげる。

≫Q12　何でも拒否する

何を提案しても拒否ばかりする子どもがいます。誘っても「やらない」と言うので、つい「どうして？」「やろうよ」などと促してしまいます。なぜ素直に応じてくれないのか……。ときどき、「拒否」をよくないと捉える人がいますが、決してそうではありません。定型発達の子どもにも、「魔の二歳児」のころから三歳にかけて第一次反抗期が訪れ、「みんな仲良く」という児童期（六―九歳）を経て、再び思春期（十三―十八歳）に第二次反抗期がやってきます。

反抗期というと、イライラして言うことを聞かなかったり、暴力的になったりするイメージがありますが、必ずしもそうとはいえません。反抗期の本質は「何かに挑戦してみよう」というものであり、それが無謀に見えるために周囲から干渉されることが多くなってくるのです。つまり、干渉しすぎなければ、反抗も拒否も起こりません。この時期、子どもはやや「向こう見ず」な経験をしながら、それをとがめる周囲に反発し、自己を確立していくといえるでしょう。

乳幼児の発達心理学では、定型発達の子どもの拒否を積極的に評価しています（宇佐川浩『障害児の発達支援と発達臨床——発達臨床心理学からみた子ども理解』全国心身障害児福祉財団、二〇〇一年）。例えば、二歳児になるとことばや身体的能力の向上によってできることが急激に増え、子どもは何かをやってみようという意思が強まってきます。しかし、実際には、本人が思うほどできることがあるわけではなく、親からしてみると目が離せなくなり、それを止めようとするといやがる（拒否）という構図ができあがってきます（「魔の二歳児」）。このイヤイヤ期は自己意識が育ち始め、子どもにとって親からの旅立ちの第一歩につながるといわれています。しかしながら、発達障害の子どもの場合、このような拒否が「よくない行動」として捉えられる傾向が多くあります。それはなぜでしょうか。

発達障害の子どもは、対人関係の苦手さやストレスをためやすいなどの特性から、反抗的な態度をとりやすいといわれています。いつも自分の実力以上のことばかり求められれば、当然「やりたくない」と拒否を示すようになるでしょう。あるいは、いざやろうとしても緊張によって体が固まってしまい、うまくできないこともあります（タイミングがずれる）。つまり、定型発達の子どもよりも拒否の度合いが圧倒的に強いため、注意を受けることが多くなってしまうのです。

では、拒否にどう対応すればいいのでしょうか。気持ちを無視して強く抑え込めば、子どもは従順になるか、逆に拒否を強めてしまうかもしれません。家庭で強く従わせている子が、家ではおとなしくても保育園で友達に乱暴するケースがそれにあたります。そのため、まずは、子どもに提供する課題や遊びのレベルを下げるところからスタートします。課題がやさしくなって、すぐにできそうだと感じれば、拒否は大幅に減少するはずです。また、むやみに説得をすることはやめます。「イヤ」と言っているのに、理由を聞いたりネチネチ説得したりすれば、当然混乱してしまうでしょう。

◉「イヤ」と言われても、知らん顔をするケース

トランプの「7ならべ」を提案し、子どもが拒否しても、そのままカードを配り始め、ゲームをスタートさせると、いつの間にか参加しはじめ、ほかの誰よりも熱心に取り組んでいることがよくあります。どっちつかずの気持ちで、つい「イヤ」と言ってしまっても、ゲームが進み始めると、少し遅れて参加することはよくあることです。

いずれにせよ、拒否をあまり大げさに捉えず、成長するプロセスと考え、ある程度の余裕をもって関われば、子どもは案外スムーズに受け入れられるものと考えます。そのためには、抑え込まず、許しすぎず、両極端にならず、そのときどきに応じて「中間」になるよう、柔軟に関わっていくことを心がけましょう。

≫Q13 全般的に行動が遅い

着替えや移動、学習の準備など、多くの場面で行動が遅い子どもがいます。先生や友達から「早く」「急いで」などと声をかけられても、一向に急ごうとはしません。発達障害の子ども（特にADHD）のなかには、気が散りやすく、いまやっていることに集中できないケースが見られます。そうなると、集団行動などに遅れが生じやすくなってしまいます。また、ASDの子どもの場合、こだわりが強かったり、マイペースすぎたり、いま何をやっているのか状況を把握することが難しかったりするため、結果的に行動が遅くなることがあります。

WISC検査（児童向けウェクスラー式知能検査）をおこなうと、ときどき「処理速度」の指標だけが低い発達障害の子どもがいます。そのタイプは、要領よく作業を進めることや、集中して課題に取り組むことが苦手です。また、字を書くなどの作業には、協応動作の力も必要になるため、運動面に課題があると必然的に作業能力は低下してしまいます。あるいは、ワーキングメモリーが弱いと、字を覚えながら書くという手順に時間がかかり、黒板の字をノートに写すという作業が遅くなってしまいます。

これらのことから、発達障害の子どもの行動が遅いのは、やる気がないとか、ふざけているわけではなく、それなりの理由があることがわかってきます。理由をよく知らなければ、急かしたり注意をしたりと、子どもにマイナスのはたらきかけをすることにもなりかねません。行動が遅い子どもを一生懸命急かしても、いい結果は生まれません。では、どうすればいいのでしょうか。

まずは、遅いということをあまり問題視せず、多少時間がかかるのは仕方ないと受け入れることが大切です。ほかの子どもよりも少し長めに時間をとってあげたり、スタートを早くして、結果的に取り組む時間を長くしたりしていきます。

ＡＤＨＤの子どもの場合、長時間続けることが難しいため、作業時間を小分けにして、合間に小さな休み時間を設けていきます。例えば、テスト勉強で国語だけ二時間続けるのではなく、国語二十分、算数二十分、理科二十分という具合に取り組んでいきます。それでも集中が切れたときは、無理をせず、思い切って翌日に回すようにします。

ＡＳＤの子どもの場合、マイペースに取り組み、自ら急ごうとしませんが、それはそれでいいと認めることが必要です。こだわりによって、順番にやらないと気がすまないなど手続きに時間がかかり、それをむやみに急がせると、パニックになる可能性があります。また、曖昧なことばをかけることも混乱の要因になります（「もっとがんばって」「さっさとやろう」）。もし、少し早く終わらせたいときには、「あと十五分です」「〇ページまで読んだら終わり」などと具体的に言い、終わってから楽しいことが待っていると伝えると、比較的スムーズにすませることができます。

ほかにも、いまやっていることがその子どもに合っているかどうかをきちんと把握することも大切です。難しすぎたり苦手なことが含まれたりしていると、どうしても行動は遅くなってしまいます。まずは本人の力とほぼ同じか、少しやさしいくらいのレベルのことを提供していきましょう。それは、発達障害だけでなく、知的障害などほかの子どもにとっても有効な手立てになります。いずれにせよ、行動の遅さはその子の特性であることを認識し、その背景を考えながら、一人ひとりに合った支援をおこなっていくことが大切です。

3——対人・コミュニケーション

≫Q14 コミュニケーションが苦手

誰かに話しかけられてもスムーズに答えられなかったり、話はできても、相手の話を聞かずに一方的に話し続けたりするなど、コミュニケーションに課題がある子どもがいます。コミュニケーションの基本は「やりとり」です。会話でいえば、「話す」（能動）と「聞く」（受動）が交互に繰り返されることで成立します（それをターン・テイキングといいます）。

発達障害の子どもの場合、例えばＡＳＤの子どもは、興味があることはいくらでも話すのに、それ以外のことは全く話さないためにやりとりになりません。また、雑談のように話をすることが苦手です。コミュニケーションが必要な情報交換だけに限定されているのです。さらに、空気を読むことが苦手なため、思ったことをすぐに口に出してしまうということもあります。

また、ＡＤＨＤの子どもの場合、人の話をよく聞かない（不注意）、まくしたてるように話す（衝動性）という様子が見られます。待つことが苦手なため、人の話に割り込むこともしょっちゅうです。いずれも、ターン・テイキングとは程遠い様子がうかがわれます。では、発達障害の子どもとのコミュニケーションはどのようにおこなえばいいのでしょうか。

まずは、周りの人たちが、彼らの特性についてよく知り、それを受け入れることが必要です。確かにASDのコミュニケーションは独特ですが、子ども自身がそのことに困っているわけではありません。雑談をしなくても、一人でポツンといても、彼らはそれでいいのです。困っていると考えているのはむしろ周りの人たちであり、余計なお世話なのかもしれません。

子どもが一方的に話してくるときは、しばらく共感し、終わりを作ってあげるといいでしょう（別の話題を持ち出せば、自然と会話は終了します）。興味深いことに、ASDの子ども同士のやりとりを見ていると、お互いが、自分のことばかり話しているのに、結構楽しそうにやりとりを続けています。コミュニケーションは、できるだけ長く続けることが大切です。その意味では、コミュニケーションが立派に成立しているといえるでしょう。

ADHDの子どもの場合、コミュニケーション力が高い場合が多く、特に問題はありません。自分のペースで話すときは、どこかで小休止を設けるといいでしょう。また、よく思い違いや早とちりが見られるため、大事なことをきちんと理解しているか、たまに確認することが必要です。

ほかにも、以下のようなことに気をつけるといいでしょう。

・話をする際には、同時にしゃべらないようにする（子どもがしゃべっていたら、終わるまでじっくり待ち、終わってから、少し間を開けて話し始める）。
・できるだけゆっくり、簡潔に話す。
・一度に複数の情報を発信せず、結論を短く伝えるようにする（くどくどと同じ内容を繰り返す、早口にたたみかけるといった言い方はしない）。

・曖昧な表現はできるだけ避けるようにする（「これ、先生に頼むね」よりも「このプリントを○○先生に届けてね」と言う）。

・適切な音量かつ心地よい声で、穏やかに伝えていく（声が大きすぎたり強すぎたりすると、責められたり叱られたりしているように感じてしまう）。

》Q15 思ったことをすぐに口にしてしまう

場面や状況に関係なく、思ったことをすぐ口に出してしまう子どもがいます。例えば、他児のテストの点数を見て「低い点数だね」、ゲームで勝ったときに「僕は一番。○○くんはビリだね」などと言ってしまいます。それは、発達障害の子どもによく見られる特徴です。不適切な発言のなかでも困ることの一つが、相手の身体的特徴に触れることです。背が低い、太っている、傷跡があるなど、本人が気にしていることをストレートに指摘してしまいます。おそらく、相手の人間性よりも、表面的な見た目の特徴が気になってしまうのでしょう。

悪意なく不適切な発言をすることは、「その場の状況や相手の気持ちがよくわからない」「他者視点をもちにくい」ことを意味します（ASDの特性）。これには、相手の気持ちや言動の裏に潜む微妙なニュアンスを読み取れない、すなわち「イメージする力の弱さ」が関係していることがうかがわれます。また、衝動性があると、よく考えずに思ったことをすぐに口にしてしまいます（ADHDの特性）。いずれのケースでも、大人は「そんなこと言われたら悲しいよ」「あなたがそう言われたらどんな気持ちになる？」と相手の気持ちを考えさせようとしますが、それはほとんど効果がありません。では、どうすればいいのでしょうか。

まず、どのような場合でも、過度に注意をしすぎないことです。しょっちゅう注意をされると、「自分は叱られてばかりいる」と自己否定感が強まってしまいます。また、「なぜ？」「どうしてそんなことを言うの？」と理由を聞いたり、反省を迫ったりすることも適切ではありません。人の気持ちがよくわからない子どもに対して「なぜ？」と聞いても、理解が難しいのです。ましてや、反省をさせるなどすれば、単に子どもを傷つけるだけの虐待のようになってしまいます。

ここでは、本人が言ったことばに対して、「そうか。太っていると思ったんだね」などと共感することから始めます。そのうえで、「太っている」は「やさしそうだね」「一緒にいるとホッとするね」など、別の言い方をしていきます。相手がいやがることばを、受け入れ可能なことばに言い換えていくのです。

もちろん、不適切な発言をきちんと注意することも必要です。その際、感情的にならず、淡々と「それはよくない」と言い、「こう言ったほうがいいね」と付け加えていきます。発達障害の子どもは、注意をすべていやがるわけではありません。高圧的でなく冷静に伝えれば、アドバイスを快く受け入れることも多いのです。ＡＤＨＤの子どものなかには、衝動的に言ってしまったことをあとになって後悔する子もいます。その場合、相手が怒ってしまった原因をわかりやすく説明することで、次につながっていくでしょう。

ほかにも、思いを口にする前に書いてみると効果的です。それを読んでもらい、「この部分はこう言うといいね」とアドバイスを受ければ、ソーシャルスキルの練習になります。また、発言前にワンクッション（三―五秒程度）間があけば、トーンを下げることが可能になります。それでも難しいときは、子どもをいったんその場から離して、落ち着いてから言うべきことを伝えていきます。

一般的に、子どもは思春期（十三―十八歳）になると、だんだん相手の気持ちを読み取ろうと努力するようになります。しかし、発達障害の子どもはそれ自体が苦手なので、うまくできないことを悩むようになってきます。そのため、周りの大人は、子どもがあまり考えすぎることなく、ストレスを何らかのかたちで発散させ、自分が好きなこと、得意なことにエネルギーを注いでいけるように配慮していくことが必要です。

≫Q16 いつも一人でいる

幼稚園や学校で、いつも一人でポツンといる子どもがいます。そのこと自体は大きな問題ではありませんが、同世代の子どもと関わらないと、その後の対人関係力に影響を及ぼす可能性が出てきます。人は人から得るものがとても大きいのです。ここでは、一人でいても平気なタイプと、誰かと関わりたいと思っているタイプに分けて考えたいと思います。

◉一人でいても平気なタイプの子

このタイプは、特に人を避けているわけではなく、単に自分の興味・関心が合わないため、誰とも接する必要がない子どもであり、ＡＳＤによくいるタイプです。一見誰とも接しないようで、ときに大好きな電車の話で気が合う相手がいれば楽しそうに話をすることもあります。つまり、興味が合う／合わないで態度が大きく変わってくるのです。このタイプの子には、無理に人と接するようなはたらきかけをおこなう必要はないでしょう。共通の関心事をもつ相手を見つけてあげる程度で十分です。

もし、はたらきかけをおこなうとすれば、他者と協力して、何かを成し遂げる経験をさせてあげるといいでしょう。体育の授業が終わって一緒に跳び箱やマットを運んだり、図工で大掛かりな作品をみんなで一緒に作ったりします。そのなかで、多少なりとも相手を意識し、自分とは違う相手を少しずつ知ることができるはずです。

ちなみに、対人関係は、一人でいても本人が困っているかどうかが重要なポイントになってきます。もし、何も困っていないのであれば、周りが「友達を作ったほうがいい」と躍起になる必要はありません。たまたま誰かと接点ができたときには、それがうまくいくよう、さりげなくサポートすればいいでしょう。

◉一人でいるものの、実は誰かと関わりたいタイプの子

このタイプは、相手とどのように接点をもてばいいのか、よくわかりません。特に集団場面になると、その場の状況の複雑さのため、自分がどのように振る舞えばいいのかがわからなくなってしまいます。

「休み時間」のような自由時間は、特に状況がわかりにくく、何をすればいいのか困ってしまいま

す。この場合、まずは身近な大人（特定の先生など）と関係を作ることで、人を信じる力を身につけられるようになります。信じる力は人と関わる際の安心感につながってきます。誰かと安心して関わることができれば、ほかの人とも安心して関わることができるようになります。

ほかにも、誰かと接点をもちたい気持ちがある子どもには、ゲームなどルールが決まった活動のなかで具体的な役割を与えていくと、比較的スムーズに人と関われるようになっていきます。例えば、ボウリング遊びで、ピンを並べる係や点数をつける係を二人ずつ設定します。ゲームが進むにつれて、その二人組はいろいろな接点をもつようになるでしょう。いつも一人でいる子には、そのくらいの触れ合いがちょうどいいのです。その活動を何回かおこなううちに、次は誰とバディを組むか、という話に発展するかもしれません。希望を聞いたり、くじ引きで決めたり、どのように決めるにしても、少しワクワクしながら、以前よりは相手を意識するようになってくるはずです。そういう経験を設定していくことが大切です。

》Q17　相手との距離感をうまくつかめない

人と接するときに相手と距離が近すぎたり遠すぎたり、距離感をうまくつかめない子どもがいます。例えば、「○○ちゃん、ちょっと来てくれる？」と言うと、くっつかんばかりに接近します。これは物理的な距離感です。その一方で、相手かまわず、誰にでもどんどん話しかけるのは心理的な距離感にあたります。そのどちらも、発達障害の子どもに多く見られる行動です。

相手との距離が近いということは一見親密性を示しているように思えますが、本来人と人が接する際は、適度な距離感が大切になってきます。人にはそれぞれ「パーソナルスペース」（個人の周りにできる距離の範囲＝対人距離）があって、他人がむやみに入ってくるといやな気持ちになったり、トラブルを起こす原因になったりします。そのため、相手との距離が近すぎず、遠すぎず、「ほどよい距離感」を作ることが必要です。

ＡＳＤの子どもは、相手の表情や気持ちを読み取ることが苦手なため、呼ばれたから単に近づいたというケースがよくあります。ＡＤＨＤの子どもも、その衝動性ゆえに、気づくと相手のすぐ近くにいることがあります。そのどちらも、本人には相手が困っているという意識がありません。悪気がないため、この場合は注意をするのではなく、やるべきことを提案することが大切です。叱らず、淡々と説明すれば、発達障害の子どもは案外提案をスムーズに受け入れることができるのです。

◉「もう少し離れて」をどう達成するか

よく、「もう少し離れて」と言いますが、「もう少し」の感覚は人によって異なるため、わかりにくいかもしれません。そのため、より具体的な表現に言い換えるといいでしょう。片手を伸ばして相手に当たらない距離、または一メートルと数字を示すとわかりやすくなります。相手と握手やハイタッチをして、手を離した距離と決めるとわかりやすいかもしれません。フープを使って自分と相手の間に距離をとることで、距離感を身をもって実感してもらってもいいでしょう。

距離感については、ボディーイメージの弱さから、必要以上に相手に近づいたり、物や人にぶつかりやすかったりすることも考えられます。この場合、日頃からいろいろな身体遊びを通じて、ボディーイメージを高めることを目指していきます。具体的には、全身模倣や大玉転がし、ひもまたぎ・くぐり、高這い（四つんばいの姿勢から膝を上げて前に進む）、ライオンの姿勢（四つんばいの姿勢で片手と片足を同時に上げる）、手押し相撲などの大きな動作が有効です。

心理的距離が近い場合には、簡単なルールを設けていきます。例えば、誰にでも話しかけるのではなく、知っている人に話しかける、また、家族のことは話さない、相手の身体的特徴のことは話さないなど、言ってはいけないことをルール化します。ルールを決める際には、一方的に指示するのではなく、「相手が喜ぶ方法を一緒に考えよう」と本人と一緒に話し合って決めることが大切です。

人との距離感はいつもうまくいくとはかぎりません。しかし、失敗したら、次回はこうしようと振り返ればいいのです。相手がよく知っている人であれば、その人にアドバイスしてもらうようお願いをしておけば、多くのケースは容易に解決するはずです。

4――生活・学習

≫Q18 片づけが苦手

片づけや整理整頓が苦手で、すぐに部屋を散らかしてしまう子どもがいます。そのような子は、机やロッカーのなかもぐちゃぐちゃなことが多く、大人から注意されることもしょっちゅうです。その傾向は、発達障害（特にＡＤＨＤ）の子どもに多く見られます。

片づけられない子どもの特徴として、「毎日少しずつ」が苦手なことが挙げられます。物事を計画的に進めることができないのです。また、さっと気づいて片づけるためには、フットワークがよくなければなりません。腰が重いと、多少散らかっていても「まあいいか」と先延ばしにしてしまいます。そのため、気づくと自分の周りは物であふれてしまいます。

そうならないためにはどうすればいいのでしょうか。まずは、片づけ上手を目指さないことです。きちんと片づけるのではなく、おおまかに片づけることを目標にします。例えば、大きな箱や引き出しを用意し、そこにすべてのものを入れたり、用途ごとに片づける場所を決めたりして（車はこっち、ぬいぐるみはこっち、など）、多少大ざっぱでもよしとします。そうやって、無理をせず、少しだけでも片づけるという気持ちをもつことを大切にします。

片づけが苦手な子どものなかには、自分のロッカーや靴箱がなかなか覚えられないケースがあります。その場合には、目印になるシールを貼るなどの工夫が必要です。神経衰弱などの視覚的な記憶力を高める遊びを取り入れていくことも有効です。

また、空間把握に弱さがあり、位置関係がよくわからないケースも見られます。その場合には、次のような活動が有効です。

◉空間を意識する活動例

鬼ごっこ、ジャングルジム、アスレチック、地図を見ながら町を歩く、各種パズル、ブロック・積み木の見本合わせ、折り紙、あやとり。

とはいえ、発達障害の特性は、そう簡単に改善されるものではありません。彼らは、努力して何かを克服すること自体が苦手なのです。片づけが苦手な子どもはいつまでたっても苦手です。ただ、不思議なことに、散らかっているにもかかわらず、何がどこにあるのかがよくわかる子どもがいます。「だいたいあのあたり」と推察できるのです。母親が部屋をきれいに片づけると、かえって物の場所がわからなくなりパニックになる子がよくいます。それは、散らかっていても配置を理解していることを意味します。つまり、その子にとっては部屋を片づける必要がないわけです。多少見た目はよくなくても、自分で必要なものの場所がわかるのであれば、雑然としていることも大きな問題とはいえないでしょう。

片づけはある程度できればよしとして、多少散らかっていても、本人が不自由でなければ、問題と捉える必要はありません。不自由がなければ、周りがとやかく言う必要はないのです。大人になって、どうしても片づける必要が生じたときは、家族や業者に頼めばいいでしょう。私たちは、大人の発想で子どもがやるべきことを考えがちですが、本人の困り感をもっと優先するべきなのかもしれません。

Q19　スマホやゲームに依存する

スマホやゲームなどの電子メディアに夢中になり、気がつくと依存状態になってしまう子どもがいます。のめり込むと夜中までやり続け、寝不足に陥ることも少なくありません。特に発達障害の子どもは、特性（視覚情報が入りやすく、こだわりが強い）から、よりはまりやすいといわれています。いまや各家庭に必ずスマホやタブレットがあるという環境のなか、ゲームやネットをやみくもに禁止することは現実的ではありません。電子メディアとどう付き合っていくかを考えることのほうが重要になってきます。

子どもにとって、スマホやゲームはとにかく面白く、魅力的なのでしょう。だからこそ、圧倒的多数の子どもが長時間没頭するわけです。そして、ただ面白いだけでなく、学校生活やほかの場面でため込んだストレスを発散するためにも効果を発揮していると思われます。よく「ゲームばかりしていて、ほかのことを何もしない」と心配する大人がいますが、実際には、ため込んだストレスを発散するために一生懸命ゲームに打ち込んでいる子どもも少なくないのです。

とはいえ、過度の依存によって、生活に重大な支障を及ぼすことは考えものです。世界保健機関（ＷＨＯ）の診断分類であるＩＣＤ—11でも「ゲーム症／ゲーム障害」は新たな精神疾患とされています。では、電子メディア依存にどのように対処していけばいいのでしょうか。

まずは、要因の一つであるストレスを、家庭や学校でできるだけ軽減させることが必要です。友達とのトラブルや先生との相性、学習面の問題など、ストレス要因を一つひとつ解消していきます。

そのうえで、電子メディアと関わるルールを設定していきます。その際、大人が決めたルールをそのまま子どもに押し付けないようにします。そのためには、大人自身が子どものやっているゲームやスマホの世界に入り込んで、子どもに付き合うところからスタートするといいでしょう。一緒に体験しながら、なぜこんなにも引かれるのかを肌で感じるのです。それは、子どもにとっても楽しい経験になるはずです。

そうするうちに、一日どれくらいやるのがいいのか、どこで切り上げたらいいか、など大人自身がだんだんわかってきます。そのうえで、子どもと相談しながら「ゲームの約束事」を決めていきます。何もしないで約束を押し付けるよりは、何倍も子どもの心に響くことでしょう。

◉ゲームの約束事をするためには……

切り替えが苦手な発達障害の子どもにとっては、「中途半端」でやめることは困難を極めます。そのため、時間で区切るよりも「きりがいいところで終わる」というほうが、子どもにとっては受け入れやすいと思われます。「一時間ね」と時間で決めても、ゲームの途中でいきなり終わることは難しいことです。約束事をきちんと守ったときは、ゲームや動画以外の楽しい時間を設けるといいでしょう。終わったらすぐに「勉強しなさい」では子どもは終わることがつらくなってしまいます。時間と手間がかかりますが、このような手順を踏んでいけば、子どもはだんだんと切り替えがスムーズになってくるはずです。

ゲームやスマホは、子どものときだけでなく、その後もずっと関わる電子メディアであり、十分に慣れていけば将来役立つこともたくさんあるはずです。その意味では、「よくないこと」という捉え方をせず、上手な付き合い方を丁寧に教えていくことが大切です。

≫Q20　興味がなかなか広がらない

一生懸命勉強をしても、成果が出ない子どもがいます。そのようなタイプの子は、新しいものに対して興味・関心が向きにくいなど興味の範囲が狭いという特徴があります。知的に遅れがある十五歳の子ども（小学校三年生レベル）と定型発達の小学校三年生の子どもの違いは年齢だけではなく、外界に対する「興味の持ち方」にあるといわれています。つまり、双方の知的レベルは同じでも、興味の差が大きいのです。また、ＡＳＤの子どもの多くは興味の偏りが大きいため、いろいろなことにまんべんなく興味をもつことが難しいといわれています。

定型発達の子どもの多くは、何かに興味をもつと、人に言われなくても主体的に学ぶようになります。時間を忘れ、そのことに没頭するなかでたくさんの知識を吸収していきます。このエネルギーこそが、子どもを大きく育てる「核」になるのです。

もし一生懸命教え込んでも、肝心の興味が育っていなければ子どもの心に響かず、結果も出ないでしょう。特に、ＡＳＤの子どもに興味がないことを提案しても、驚くほど関心を示しません。彼らには「少しだけ」興味をもつという中途半端な概念がないのです。例えば、誰かが遊園地に行った話をして周りが盛り上がっていても、完全に一人だけ蚊帳の外です。誰かの体験を、自分のこととして重ね合わせることが難しいのです。では、興味を広げるためにはどうすればいいのでしょうか。

知的障害の子どもであれば、時間はかかっても、体験をしながら一つひとつのことを丁寧に教えていく方法が考えられます。難しいのは、ＡＳＤの子どもです。興味が狭く、相手に共感しにくいわけですから。

◉ＡＳＤの子どもの興味を広げるためには……

学校で町探検をしたあとに、ＡＳＤの子どもに「きょうの町探検はどうだったかな？」と聞いても、全く反応しないときがあります。そんなときは、ストレートに質問せず、少し工夫しながら話しかけていきます。例えば、「町探検情報です。一番、路地をまっすぐ進みます。二番、ポストの角を右に曲がります。三番、パン屋に到着します。四番、パン作りを体験します。五番、作ったパンを食べます……」という具合にあたかも事前の説明のように短く区切りながら話していくと、子どもはがぜん目を輝かせ、食い入るようにこちらの話を聞くようになります。話すときの声の調子も、水泳競技の「第一のコース、○○くん」というように独特の節をつけて面白おかしく話すと、さらに子どもは食いついてきます。

いかがでしょうか。ＡＳＤの子どもでも、ちょっとした工夫で興味をもつようになります。ある意味、「興味がもてる」「もてない」は紙一重といえるのかもしれません。この人は面白いと思ってもらえれば、それが子どもとつながるチャンネルになり、少しずつでも話の内容に興味を示してくれるようになります。

ほかにも、いま興味をもっていることを中心に、その周辺に波及させていくことで、興味を広げることができます。例えば、電車が好きなら、好きな電車が止まる駅名や路線図、その町の特徴、終点までかかる時間、乗り換えの路線や通るトンネルや鉄橋など、時刻表や地図帳を使いながらいろいろ調べていきます。その延長として、旅行を計画することも可能です。このように、子どもの興味に寄り添い、少しずつでも広げていくことを心がけることが大切です。

Q21　文字を読むのが難しい

小学校への入学が近づいても、文字に興味がわかない子どももがいます。保護者は心配になって、部屋にひらながの五十音表を張るなど躍起になることでしょう。しかし、文字を読むためには、そのための土台（基礎）を築く必要があります。具体的には、「文字への興味」を高め、文字という形を音として意味づけるために「見分ける力、見比べる力（視知覚）」「空間・位置把握の力」を育てていきます。

①文字への興味を高める。

絵と文字が描（書）かれたカードを見る、ひらがなを分解した形のパズル（二分割、三分割）で遊ぶなど、見るだけでなく、操作をしながら文字に触れる機会を増やしていく。

②視知覚を高める。

パズルやブロック・積み木の見本合わせ、絵描き歌、形の模写などをおこなう。特に、位置把握の課題（横二×縦三＝計六枚ないし横三×縦四＝計十二枚で構成されている絵を見て、横に置いた枠の同じ位置に絵のパーツを一枚ずつ置く遊び）が有効。

③空間の力を育てる。

ひもまたぎ・くぐりなどの粗大運動や、積み木などを使って立体物を作る遊び（ジェンガや積み木積み競争）が有効。

学習障害（ＬＤ）の子どものなかでも、文字を読むことが難しいタイプを読字障害（ディスレクシア）といいます。ディスレクシアがある人は目の使い方が上手でないため、文字がゆがんだり、逆さに見えたりすることがあり、音読が苦手なケースが多く見られます。読み方がたどたどしかったり、一部抜かしてしまったり、書いてあることと違うことばを言ったり、「分かち読み」（「きょうは」「よい」「てんきです」）や「拾い読み（逐次読み）」（「き・よ・う・は・よ・い……」）になってしまいます。

ディスレクシアへの学習場面での配慮として、以下のものが考えられます。

・文章を拡大コピーしたり、読む箇所がわかりやすいように、定規や厚紙でほかの部分を隠したりする。
・一文字ずつ文字を指で押さえながら読む。
・文字の書体を変えたり行間をあけたりする（助詞や単語を色づけして強調する）。

・文節の区切りごとに斜線を引く（きのう／ぼくは／おかあさんと／いっしょに／こうえんに／いきました）。

また、拾い読み（逐次読み）になってしまう場合は、「〜しながら〜する力」（協応動作）を身につけるといいでしょう。具体的には、片足ケンケン、はさみ切り、縄跳び、スキップ、転がってきたボールを蹴る、などをおこないます。ほかにも、バラバラになった文字マグネットを組み合わせて意味がある単語を作る遊び（「む」「た」「か」「り」「つ」から「かたつむり」）や間違い探し（「ねこ」と「わこ」を読み比べる）、単語（三―五文字程度）を正しく読む練習がとても有効です。「とうもろこし」が「とうもころし」、「じゃがいも」が「がじゃいも」になるなど、文字を音に変換することや、文字のまとまりを捉えることが苦手な場合は、音節分解や音韻抽出の力を高める遊びが有効です。

◉音節分解を高める遊び

「り・ん・ご」と言いながら、「ドン・ドン・ドン」と一音につき一回ドラムを叩く。

◉音韻抽出を高める遊び

しりとり遊び、ことば集め、逆さことば遊び。

これらの対策や配慮は、ディスレクシアの子どもはもちろんのこと、知的障害などの読字が苦手な子どもにとっても有効な手立てになります。原因は何であれ、文字を読むためには共通したアプローチがあるのです。また、どの子どもに対しても詰め込みすぎず、その子のペースで一歩一歩進めていくことが大切です。

≫Q22 文字を書くことが難しい

文字は読めるようになっても、ひらがなやカタカナ、漢字がうまく書けない子どもがいます。文字を書くためには、そのための土台（基礎）を築く必要があります。まだ書く前段階の子どもに文字を練習させることは、失敗体験を増やすだけであり、逆に書字を嫌いにさせる原因にもなってしまいます。文字を書くためには、△（三角、五歳レベル）や◇（ひし形、六歳半レベル）の形が書けることが必要条件です（「視覚—運動系の力」）。ほかにも、「手指の操作性」や「鉛筆の操作性」を高めていくことが求められます。

◉視覚—運動系の力を身につける

「視覚—運動系の力」とは、目を使っていろいろな線や形を描く力のことです。一般的に、ひし形が描けるようになれば、小学校一年生の国語学習に取り組むことが可能になります。ただし、発達に遅れがある場合は、三角が描けた段階で書字の練習をスタートさせてもいいでしょう。視覚—運動系の力を高めるためには、協応動作を高める活動（粘土遊び、こままわし、折り紙、ひも結び、など）が有効です。自由画、ぬり絵、線なぞり、迷路、模写、絵描き歌、など書く（描く）機会を増やしていくといいでしょう。

◉手指の操作性を高める

洗濯ばさみをつなげる、粘土遊び、はさみ切り（線や形に沿って切る）、こままわし、折り紙などの操作やいろいろな楽器の演奏をおこなうといいでしょう。日常場面でも、ジュースのパックにストローをさす、お菓子の袋を開ける、などが考えられます。

◉鉛筆の操作性を高める

横線は左→右へ、縦線は上→下へ、円は右回りで描く習慣を身につけ、筆圧を高める練習（指で二点を結ぶ、迷路をなぞらせる、鉛筆、クレヨンなどいろいろな筆記用具を使用して線なぞりや点結びをする）をおこないます。棒を握ったり振ったり、紙を手でちぎったり、紙をまるめて広げるなどの動作は筆圧を高め、運筆がよくなるために有効です。

ＬＤの子どものなかでも、文字を書くことが難しいタイプを書字障害（ディスグラフィア）といいます。ディスグラフィアがある人には、文字の書き分けが難しい（「さ」と「き」、「右」と「石」など似ている文字）、促音や拗音が難しい（「きって」を「きつて」、「きゅうきゅうしゃ」を「きゅきゅしゃ」）、話しことばを書くことが難しい（「おとうさん」を「おとおさん」）、漢字の書き間違いが多い（「汽車」を「記者」）などの特徴があります。

この場合、まずは拗音や促音が入った単語を見せて大人が読み聞かせをしたり、一緒に読んだりするといいでしょう。時間をかけて、単語の書き方を視覚的・聴覚的に覚えていきます。また、拗音や促音を使った単語とそうでない単語を並べて読み聞かせをしたり（「おもちゃ」と「おもちや」を比較しながら読む）、「きゃ」「べ」「つ」と書いたカードをバラバラに置いて、「きゃべつ」と完成させる遊びをおこなったりすると有効です。さらに、同じ拗音を含む単語探し（「ちゃ」→「おちゃ」「ちゃわん」「かぼちゃ」）も有効です。

漢字は失敗しやすく、自己肯定感の低下につながりやすいため、間違いはできるだけ大目に見るという配慮が必要です。ディスグラフィアがある子どもに、百回繰り返し書かせることは虐待になりかねません。以下のような活動をおこなうといいでしょう。

- 漢字の成り立ちを絵やことばでイメージさせる（人が手を横にして大きく見せる→大、立って木を見る→親）。
- 漢字のパーツごとに色を変える（部位を意識させる）。
- 紙に書くのではなく、指で空中に書いてみる（失敗が目立たない）。
- ワーキングメモリーが高い子どもには、漢字を言語化して書く（十なら横棒一、縦棒—）。

≫Q23 算数の基礎が身についていない

算数が苦手で、授業になかなかついていけない子どもがいます。ＬＤの子どものなかで、算数が苦手なタイプを算数障害（ディスカリキュリア）といいます。ディスカリキュリアの特徴として、数を正確に数えられない（「1、2、3……」と数えると「1、2、3、4、4、5、6、8……」と数を飛ばしたり、同じ数を繰り返したりする）、数の大小や量の多少の概念理解が難しい（大きい数から小さい数を引く際、「5－8」と書く）などが挙げられます。

このようなタイプの場合、まずはいったん立ち止まり、いまの状況を見直すことが必要です。算数は積み重ねの教科ですから、幼児期から小学校の低学年までに基礎（土台）になる力を育てていくことが重要です。例えば、物を数える場合では、やみくもに数えさせるのではなく、数えたものにペンで印をつける、数えたものを箱に入れる、数え終わったときに数字カードを置く、などをおこないます。物の数がわかるには、数えた最後の数が全体を表すことを理解する必要があります。それを印象づけるためには、最後に言った数詞と数字カードをマッチングさせるといいでしょう。

ほかにも、遊びや生活のなかで、以下のような算数的な活動を取り入れていきます。

・机を叩きながら数を唱える（数と叩く回数を一致させる）。
・カップを大きい順に並べる（または、友達みんなで身長順に並ぶ）。
・「多い・少ない」「大きい・小さい」「長い・短い」を感覚で覚える（りんごが多い・少ない、ボールが大きい・小さい、貨物列車の車両が長い・短い）。
・物と物を対応させる（スプーンとお皿、布団と枕）。
・遊んだおもちゃをカテゴリー別に片づける（積み木、人形、車）。

・家族に一本ずつジュースを配る（一対一対応を意識させる）。

小学校に入学すると、計算でつまずく子どもがたくさんいます。ここでも、いきなり計算の練習をするのではなく、まずはたし算の基礎づくりをおこないます。具体的には、高いところの物を取るときに台に「乗る」、友達の砂の山を「合わせて」大きい山にする、積み木を高く「積む」、洗濯ばさみを長く「つなぐ」、お小遣いを貯金箱に「ためる」などを意識的におこないます。

あわせて、10のまとまり（3＋7＝10）を意識させることが重要です。頭のなかで考えることが難しければ、おはじきやブロックを使って操作をしながら確認していきます。例えば、「7＋4」では数え足しをせず、4を3と1に分解し、（7＋3）＋1＝10＋1＝11と考えます。

掛け算は、最初に「九九」を覚えさせます。しかし、「インイチガイチ」「インニガニ」とリズミカルに覚える方法は、聴覚記憶が苦手な子どもにとってはつらい学習になってしまいます。その場合は、「九九表」を見ながら覚えていきます。九九表を縦（列）に見ると、「一の段」があり、「1×1」「1×2」……とかける数がだんだん増えていきます。また、横（行）に見ると、「1×1」「2×1」……と、かけられる数が増えていきます。この法則を目で見て獲得していくのです。

このように、算数の苦手な子どもは、幼児期から小学校低学年の時期に、算数の基礎につながる遊びを徹底しておこなうといいでしょう。また、本人の特性（視覚と聴覚の優位性など）を十分に理解したうえで、サポートのやり方を臨機応変に変えていくことが大切です。

≫Q24 文章読解が苦手

物語文や説明文などを読んでも、内容をよく理解できない子どもがいます。文章読解が苦手だと、学年が上がるにつれて国語の学習に苦手意識をもつようになります。発達障害の子どものなかには、文章がスムーズに読めなかったり、音読が苦手だったりする子がいます。一文字一文字をたどりながら読む「拾い読み（逐次読み）」や単語ごとに間をあけて読む「分かち読み」が見られ、読むことに精いっぱいで、内容を理解するどころではなくなってしまいます。また、音読はできても内容理解が苦手な子もいます。読みながら理解するマルチタスク（同時並列処理）が難しいのです。

イメージする力が弱く、人の気持ちを読み取ること（マインドリーディング）が難しかったり、登場人物同士の関係性が見えにくかったりするケースも見られます。あるいは、時代が前後すると、つながりがわからなくなることもあります。主題（テーマ）がわからず、瑣末事ばかりに目がいき、結局何が言いたいのかわからずじまいになることも少なくありません。ほかにも、記憶の弱さから、読んだ内容を次々に忘れてしまうこともあります。このようなタイプの子に、どう対応すればいいのでしょうか。

文章読解と聞くと、学齢期以降のことと考えがちですが、それは、すでに幼児期から始まっています。まずは、以下のようなことば遊びで語彙力を豊富にするといいでしょう。

・「○がつくことば遊び」（「さ」→「さかな」「さる」）

・「逆さことば遊び」（「きぬた」→「たぬき」）
・「しりとり遊び」「反対ことば遊び」「絵本の読み聞かせ」

文字の読み書きができるようになったら、次のような活動もおこなっていきます。

・比較的短い物語（挿絵付き）を、絵を隠して読み、終了後に挿絵をストーリー順に並べる。
・ストーリー性がある四、五枚の絵を見て、時系列に並べる（「いただきます」→「もぐもぐ、おいしい」→「ごちそうさまでした」）。
・簡単な文（二―四文）を読み、時系列に並べて一つの物語にする。

学齢期になったら、自分で文章を読むことにも挑戦していきます。子どもによっては、文章を拡大コピーしたり、文節の区切れごとに空白をあけたり、斜線を引いたり、キーワードになる単語を○で囲んだり（色を変えたり）するなどの合理的配慮によって、読むための負荷を軽減させるといいでしょう。読むことは習慣ですから、とにかく日々文章になじむようにしていきましょう。なお、学年に応じた漢字や常識的なことばを覚える（語彙を増やす）ことも忘れないようにします。

算数の文章題も、国語同様のプロセスをたどっていきます。文節ごとに区切る（空白、斜線）、内容をイメージしやすいように、身近な題材を使う（人形、模型、絵カードなど）、内容に応じた絵を描く、大事な部分に下線を引く、色づけをする、図や線分図、面積図などの視覚的手がかりを用いる、などが有効です。見るだけでなく、手で操作する活動を多く取り入れるといいでしょう。また、算数独自の言い回し（「合わせていくつ?」は加法、「残りはいくつ?」「差はいくつ?」は減法）に慣れることも大切です。

≫Q25 作文や読書感想文が苦手

作文や日記を書いても、いつも同じような内容になる子がいます（「〜をしました。楽しかったです」など）。結局、最後には大人からのアドバイスを受けて言われたとおりに修正するものの、その経験はなかなか次につながっていきません。

発達障害の子どもは、何もないところから「何か」を生み出すことが苦手です。正解が一つではない、答えがいくつもある状況がよくわからないのです。例えば、遠足の作文を書く際、遠足当日のバスのなかなのか、昼食なのか、動物との触れ合いなのか、どれを書けばいいのかわかりません。読書感想文も、本全体のどの部分に焦点を当てればいいのか想像がつきません。また、考えながら、思い出しながら書くというマルチタスク（同時並列処理）が苦手なため、やはり作業は進みません。自分の思いを文章で表現するためにはどうすればいいのでしょうか。

まずは、文章に慣れることが大切です。例えば、自分のレベルに合った文章を毎日音読するといいでしょう。耳から入ってきた情報は、文章のリズムとしてつかみやすく、声を出す作業が入るぶん、黙読よりも記憶しやすいというメリットがあります。いろいろな文体が自分の体に染み付いてくるのです。覚えた文を頭のなかで反芻することで、作文や感想文で使えるものになってくるでしょう。

次に、簡単な文法やよく使う言い回し、漢字など、国語に関する知識を学ぶことが大切です。そのためには、教科書に載っているような「正しい文章」を書き写すこと（視写）がお勧めです。音読と視写はできるだけ毎日おこない、習慣化させることが大切です。

◉作文を書くためのプロセス

作文を書くためには、自分が体験したことを「思い出」として人に話すことからスタートさせます。

まずは、印象に残ったことを、思い出した順に話します。それを、大人が短冊形のカード一枚ずつに書き留め、カードがそろったら時系列に並べて順番につなぐことで、作文の原型を完成させます。最初は、大人に手伝ってもらって自分で書く作業を省きます。慣れてきたら、今度は自分でカードに書き込んでいきます。その際、文字の間違いや書き順などの細かいことは指摘しません。まずは、他者に思いを伝えたいという気持ちを重視し、細かいことはある程度書けるようになってから修正すればいいでしょう。

読書感想文は、小学校の低学年レベルでは難しいといわれています。この時期は、自分が体験したことを時間経過に沿って箇条書きにすることはできても、文章化するまでには至っていません。そのため、低学年レベルであれば、絵日記のように印象に残ったことを時系列に書くことが大切です。そのうえで、「なぜ、この場面が印象に残ったのか」ということを話し合い、本人の気持ちを引き出し、大人が文章化していきます。また、登場人物のことばや行動のなかで自分もしてみたいことがあるかどうかを聞き出し、それを文章化してもいいでしょう。「主人公にお手紙を書いてみよう」という投げかけは、子どもにとってわかりやすい活動といえます。

なお、読書感想文は、本を読んですぐに感想文を書くよりも、ある程度時間をおいてから感想を述べることも大切です。読書は感想文を書くためにおこなうものではありません。本来は、じっくりと本を読み、感じたことを自分のなかで種をまくように時間をかけて成熟させることのほうが大切なのです。何年もたってから、「あのとき読んだあの本」の内容がよみがえることもあるのです。

第4章 子どもを取り巻く環境について答える

本章では、子どもを取り巻く環境（場や人）のありようについて考えてみます。子育ては、結果を焦らないことが大切です。なかなか解決できない問題に対して、すぐに答えを出そうとせず、しばらくの間うまくいかない状態に置き、時間をかけてそれを味わう。実は、ほとんどの問題は「仕方ない」「なんとかなるさ」で解決することが多いのです。本章には、時間をかけて考えるためのヒントを随所にちりばめています。

なお、本章の構成として、まず最初に、子どもが最も長い時間を過ごす家庭、すなわち親子関係のあり方について、いろいろな角度から触れています。それは、親子関係が子どもの育ちにとって最も大切な幹の部分に相当するからです。

次に、外の場（園や学校）で過ごすときに生じる、いろいろな悩みについて考えます。特に、不登校（園）や進路はとても大きな問題であるにもかかわらず、まだ先のことと捉えられるケースが多く見られます。いざ自分の身に迫ってから考えるのではなく、前知識として知っておくことは、学校生活や社会生活を送るうえで必ずやプラスにはたらくことでしょう。

そして最後に、保護者や関係者の多くが疑問を覚える諸問題について、わかりやすく解説します。知能検査や療育、いじめ、服薬などは、疑問をもちやすいものの、身近に相談する場が見つけにくいため、参考になるでしょう。

1——家族や保護者のこと

Q1　障害受容が難しい

子どもに障害があるとわかっても、その現実を受け入れることはとても難しいものです。多くの人がショックを受けて悩む期間を経験しますが、ある一定の期間が過ぎれば少しずつ回復していくケースが多いのも事実です。時が解決してくれることを「日にち薬」といいますが、そういう面もあるでしょう。

◉障害受容のプロセス

①ショック（障害を告知された直後や、障害に気づいたときの様子。ほとんどの保護者はネガティブな感情を示す）。
②否認、悲しみ（現実を受け入れられず悲しみにくれる。明日起きたら、いまの状況が夢だったらと毎日

思う)。

③一時的な立ち直り(障害があっても子どもは成長すると考え、育児に多少自信がつく。障害についての考えが整理されてくる)。

④「健常」にはならない「障害」にあらためて向き合う(保育所、幼稚園、学校の選択がきっかけになることが多い。あらためてわが子の障害に直面し悩む)。

⑤障害の受容(子どもについて長所も短所も含めて直視し、理解できるようになる。この子にたくさんのことを教えられたことに気づく)。

(伊藤健次編『新・障害のある子どもの保育 第3版』〔新時代の保育双書〕、みらい、二〇一六年、参照)

いかがでしょうか。はたして、このような段階を経れば「障害受容」ができるのでしょうか。もちろん個人差があり、同じようなプロセスをたどるケースは少ないかもしれません。長年たくさんの保護者と関わるなかで、全く異なるプロセスをたどったケースを数多く見てきたことはまぎれもない事実です。

いったん「障害受容」ができたように見えても、ライフスタイルのなかでときどき起こる節目の出来事(就学、進学、就職、結婚、転勤、高齢化など)で不安になったり、悲哀の感情が湧き出たりすることがあります。どうしても、自分の子どもとほかの子を比較してしまい、「もし、この子に障害がなかったら……」「部活を思い切りやらせてあげたい……」「一般企業に就職させたい」などと思い悩んでしまうのです。

考えてもみてください。わが子の障害を喜んで受け入れる親などいるのでしょうか。葛藤はあって当たり前なのです。周りの人がどんなに共感しようとしても、親の気持ちは同じ障害がある子をもつ親にしかわからないのだと思います。

◉発達障害の子どもをもつ父親のケース

ある発達障害の子どもをもつ父親は、早い時期から子どもの障害を受け入れ、小学校三年生から子どもを特別支援学級に入れていました。支援学級ではいろいろな配慮をしてもらい、子どもは伸び伸びと成長することができました。ところが、六年生になると、父親は急に「いまのままでいいのか」と考えるようになりました。このまま障害者として大人になることが、本当に子どもの幸せにつながるのかと思い悩んでしまったのです。そして、夫婦で相談して、中学からは通常学級に移行させたいと学校側に申し出たのです。あまりに急な話だったので、学校側は大いに戸惑い、話し合いはいまも継続中です。

このように、親はいったん受容できたかのように見えて、あとになって気持ちが揺れることがあります。おそらく、親自身、受容できているのかどうか、よくわからないのだと思います。障害受容は限りなく難しい……。周囲はそのことを十分に理解しながら、それでも子どもは日々育っていくという事実を受け止めて温かく見守っていくことが、私たちがいまできうることと考えるのです。

≫Q2 きょうだいへの配慮

発達に課題がある子どものきょうだいは、いろいろな意味で複雑な環境にあるといえます。家庭のなかでは、どうしても障害がある子ども（本人）が中心になってきます。そのため、きょうだいは幼いころからがまんをし、本人のことをうらやましく思ったり、ずるいと思ったりしながら、知らず知らずのうちに気持ちの負担が増えていくのです。

きょうだいの悩みについては、個人差はあるものの、いくつかの共通点があります。それは「なぜ自分だけが……」「自分は本当に親から愛されているのか」という思いです。どの親も、きょうだいに対して、同じ子どもとして等しく愛情を注いでいるはずです。それでも、きょうだいは「なぜ」「どうして」という思いが拭えません。それは、いろいろな意味で満たされていないからです。どうしても本人を中心に家庭が回り、きょうだいは「その次」になることが多いのが現実です。

よく、きょうだいが自分にも目を向けてもらおうと、わざとよくないことをすることがあります。そのような注目行動は、自分を発散させているという点ではまだいいのかもしれません。問題は、発散もできずに内にこもってしまうケースです。本人の問題行動の対応に疲れ果てている親を目の前にして十分に甘えることもできず、いつも「いい子」に振る舞っている子どものなかには、少しずつこころの問題（不登校や拒食症など）を抱えてしまうことがあります。このようなきょうだいの悩みに対して、どのように向き合えばいいのでしょうか。

まずは、本人のことを隠そうとしたり、恥ずかしい、不幸だと思ったりしないことです。間違っても「お兄ちゃんは病気だから、がまんしてね」などと言ってはいけません。そういうネガティブな思いは、必ずきょうだいに伝わります。そして、親はどんなに一生懸命きょうだいに関わっても、十分ではないと自覚することが必要です。

そのうえで、日々の生活を見直していきます。もし、本人の用事や習い事にきょうだいが付き合うことが多ければ、たまにはきょうだいの用事に本人が付き合うようにします。そういう機会を作ることで、きょうだいは「自分も大切にされている」ことを実感するようになります。たとえ時間は少なくとも、きょうだいが納得するように、親ときょうだいの大事な時間を作っていくのです。

ときどき、後ろめたさからきょうだいに対して過度に気を使う親がいます。口を開けば「ごめんね」と言い、「うちは、きょうだい中心に回っている」と言わんばかりの態度を示すのです。しかし、それが不自然だということは、きょうだいもすぐに気づきます。

そうではなく、まずは家庭内がユーモアであふれ、家族みんなが楽しく過ごせるようにしていきます。親自身が「笑い上手」になるのです。また、親ときょうだいが二人だけになったときは、きょうだいに対して「聞き上手」になります。あるいは、きょうだいのがんばりを褒める「褒め上手」になることも大切です。さらに、きょうだいが一人になれる時間と場所を日常的に確保する必要もあるでしょう。もし、そのような対応が家族だけでは難しければ、遠慮せずに友人や親戚、公的機関、専門家などに頼っていくことも大切です。

どうしても本人に手がかかる場合は、本人への対応を優先しながら、きょうだいを保育園に入れたり、学童に通わせたりして、自分の世界を作ってあげることも大切です。いずれにせよ、本人を大事にしながらも、きょうだいにも「自分が愛されている」と実感できるよう、親は、できることは何でもやるという姿勢を見せることが大切です。

≫Q3 褒め方がわからない

テストや手伝いをがんばったときに、親が子どもにごほうびをあげることがよくあります（「次のテストでいい成績だったら、ほしかったおもちゃを買ってあげるね」など）。その一方で、大人が思うように子どもが振る舞わないと、罰を与えるケースが見られます（教師が「いい子にしてないと休み時間に外で遊べないよ」と言う）。このような賞罰は、子育てや教育活動のなかでよくおこなわれることです。多少は子どものやる気につながる面もありますが、それもすぎるとプラス面ばかりではなくなってしまいます。

◉ごほうびのエピソード（学校篇）

ある学校で、クラスの半数の子どもには「絵が描けたらシールをあげるね」と約束し、もう半数には何も言わず絵の時間がスタートしました。すると、初めはシールを約束されたグループのほうが一生懸命絵を描いていました。一方、もう半数は思い思いのペースで絵を描いていました。問題は何日もたってからのことです。シールをもらったグループはあまり絵に興味を示さず、ペンを手にする機会が減ったのに対し、もらわなかったグループは、日がたっても絵を描きたいという意欲を失わず、それまでと同じように描画活動を楽しんでいたのです。

エピソードから、ごほうびの有無が、子どもたちのその後の行動や意欲に何らかの影響を与えたことがうかがわれます。ごほうびには即効性があり、一時的に意欲が高まるものの、一度与えると、その後もごほうびを与え続けなければ意欲が続かなくなるという面があります。しかも、ごほうびはエスカレートしやすく、より貴重なもの、真新しいものでなければ満足できなくなってしまいます。結果的に、ごほうびは自発的な興味を低下させてしまう可能性があるのです。

誰でも多少のごほうびを与えるでしょうが、行き過ぎたごほうびには注意が必要です。それよりも、大人が子どもの取り組みに興味を示すほうが効果的です。結果だけを評価するのではなく、子どもがいま取り組んでいるプロセスに興味を示し、大人もそれにどっぷりと浸り、最後までともに歩んでいくのです。

そして、最終的に「できた」ことをわがことのように褒め、一緒に喜ぶのです。大げさに褒めるのではなく、そのときに出てくる喜びの気持ちを自然に表現しながら、子どもとともに「喜び」の一体感を味わっていきます。

ときどき、テストの点数が上がって褒める大人がいます。それ自体問題はありませんが、それでも喜ばない子がいたとしたら、もしかしたら褒めるポイントがずれているのかもしれません。勉強を褒めるというのは、いかにも大人の発想です。子どもにとっては、勉強よりもゲームで難関をクリアしたことのほうが褒められたいのかもしれません。もし、ゲームでは褒めず、勉強だけ褒めていたとしたら、子どもは「ちょっと違うんだけど……」と感じてしまうでしょう。子どもを褒めるときは、褒められて本当にうれしいことは何かをよく考える必要があるでしょう。

大人はよく、大人同士のやりとりのなかで謙遜することがあります。自分の子どもが褒められても、「いや、まだまだですよ」「普段は言うこと聞かなくて……」などと答えてしまいます。そのようなやりとりは、発達障害の子どもにとってはとてもわかりにくいものです。わからないうえに、自分が否定されたと受け取ってしまう子もいます。そんなときは、「そうですね。よくがんばりました」と肯定的に答えることが大切です。謙遜やいやみ、皮肉、冗談は発達障害の子どもが最も理解しにくいということを頭に入れておくようにしましょう。

Q4 勉強ばかりさせる

発達障害の子どもに対して、せめて学習面は遅れないようにと一生懸命勉強させる親がいます。その背景には、一歩一歩積み重ねれば何でも乗り越えられるという自分の経験があるのかもしれません。あるいは、発達障害があるから、せめて勉強くらいはほかの子と同じようにという、親の心情面が影響していることがうかがわれます。

子どもに過度の勉強を強いていると、勉強の中身が深まるよりも、勉強させること自体が目的になることがあります。きょうは何分、何時間、何ページやったという量や、やっている姿を見て、大人だけが満足するのです。はたして、そのような勉強のさせ方が適切といえるのでしょうか。

多くの親は、子どもが少しでもいい成績を取ると、さらに勉強させようとします。まるで勉強ができるようになれば、発達障害のいろいろな問題も解決できると言わんばかりです。しかし、残念とはありません。それどころか、勉強ができることを鼻にかけ、周りの子をばかにするようにさえなりかねません。テストの点数や順位など成績は人と比較しやすいため、発達障害の子がはまりやすいという面があるのです。

勉強が苦手な子どもに対しても、「勉強が足りないから」とさらに勉強させる親がいます。本人のレベルなどおかまいなしに、とにかく長時間勉強をさせるのです。しかし、子どもが勉強を苦手になったのは、本人の努力不足のせいではなく、もともともっている特性が原因になることが多いのです。そのため、勉強させればさせるほど、勉強が嫌いになってしまいます。親がいくら一生懸命になっても実らず、それどころか、親に対して反発的な態度をとるようになってしまうのです。

繰り返し述べているように、発達障害の子ども（特に注意欠如・多動症〔ＡＤＨＤ〕）は、努力を強いられることが苦手です。親がいくら勉強モードに入っても、本人はストレスがたまり、自己肯定感の低下につながっていきます。発達障害の子どもは、好きな相手と伸び伸びと活動することで成長するといわれています。つまり、「これをこの人とやりたい」というモチベーションがなければ、いくら学習をさせてもなかなか身につかないのです。努力させる以前に、発達障害の特性を十分に理解する必要があるでしょう。

とはいえ、発達障害の子どもがみんな勉強が嫌いなわけではありません。自分ができることや好きなことから始めれば、十分に興味をもつことができます。もし学習の準備ができていなければ、教科学習以前のつまずきにしっかりと対応していけばいいのです。例えば、中学校一年生の子どもに小学校四年生の計算ドリルをさせてもいいのです。わかるという経験は、本人にとってうれしいことなのです。

勉強も大切ですが、発達障害の子どもにとっては、友達と遊びたくさん笑ったり、家の手伝いをしてお母さんに褒められたりするほうが、より将来につながっていきます。実は、発達障害の子どもは、子ども時代に勉強以外のことをいかにたくさんやったかで、その後の人生が決まってくるのです。勉強はあまりしないけど、しょっちゅう人と関わりをもっている子は、そんなに心配ありません。心配なのは、ひたすら勉強だけさせられるという環境です。

≫Q5　思春期の親の接し方は

子どもが小学校を卒業し、中学生や高校生になると、いよいよ思春期の到来です。この時期は、第二次反抗期とも重なり、個人差はあるものの、親にとっては試練の日々が続きます。反抗期は、体も頭も心も成長し、「自分は何でもできる」という自信が芽生える一方、実際にはそこまで実力が伴わず、失敗や挫折を経験する時期でもあります。

反抗期というと、攻撃的になったり暴れたりするイメージがありますが、本来はそういうことはありません。もし、攻撃性が強く出ているとすれば、それは、子どもに干渉しすぎているせいだと考えられます。周囲が見守るだけであれば、子どもは暴れることはありません。

ときどき、子どもが勉強しないことを心配し、定期試験の計画表まで作ってしまう親がいます。そのとおりにやれば大丈夫とはっぱをかけ、監視をしつづけ、子どもがそこそこの成績を取ることがあります。しかし、そのような従順な期間は長くは続かず、やがて子どもは親を頼るようになり、口調も横柄になって、イライラをぶつけるようになってきます。そのうちに、成績もどんどん下がり、それを親のせいにするようになります。

かと思えば、全くやる気がなく、親がいくら干渉しても動じない子どももいます。提出物はいつもギリギリに出し、それが終わるとゲーム三昧の日々を過ごすのです。親はやきもきして一つひとつに干渉し、まるで小学生を諭すように助言するものの、子どもの様子は変わりません。反抗こそしないものの、うまくいかないことを親のせいにして、日々だらだらとした生活を続けています。

どちらも、発達障害の子どもによくあるケースです。親は子どもの様子を見ていられず、どんどん先取りをしてしまい、気がつけば親だけが踊っているのです。できないことを人のせいにするのは自信のなさの表れであり、それでも干渉されるため、誰かに思いをぶつけなければ気持ちのバランスが崩れてしまう……。このように、思春期の親子関係は、どんどん気まずくなっていくのです。

この場合、どのように対応すればいいのでしょうか。基本的に、思春期の子どもに対して積極的にできることは何もありません。事態を一刻も早く解決しようとしても、それは無理な話です。親がやるべきことは、ドンと構えて見守るしかありません。見守るというのは、失敗ややる気のなさを責めないということです。子どもにとっては、それは途中経過であり、そんなタイミングであれこれ言われても対応のしようもなく、逆にイライラを募らせるだけでしょう。そもそも思春期は、自分がやれるという思いが強い時期ですから、親のアドバイスは裏目に出ることが圧倒的に多いのです。

見守ること以外に「応援」としてできることがあるとすれば、それは、家庭内でリラックスできる、穏やかな雰囲気を醸し出すということです。細かい注意はせず、「がんばれ」などと励まさず、みんながのほほんとしているのです。子ども自身はときどきピリピリするでしょうが、周りが安定していれば、親に対しても、本音を言う場面が出てくるはずです。また、この時期は、親以外の大人とも信頼関係を作ることが大切です。教師でも専門家でも誰でもいいでしょう。その際、大人は諭したりアドバイスをしたりせず、子どもの話をじっくり聞いたうえで、実行できそうな選択肢を提供してあげるといいでしょう。

2——学校や幼稚園のこと

≫Q6　就学に関する不安がある

幼稚園や保育園の年長になると、いよいよ就学のことが気になり始めます。最もいい就学先は、「子どもの発達レベルに合った場」と頭ではわかっていても、判断がつきにくいものです。発達障害の子どもにとって、どのような就学先がいいのでしょうか。この場合、三つの案が考えられます。一つは、通常学級でサポートを受けながらやっていくこと、もう一つは、通常学級に在籍しながら特別支援学級（支援学級）を利用すること、三つ目は、通常学級に在籍しながら通級指導教室を利用することです。

特別支援学級とは、一般の小・中学校に併設される障害児のための少人数クラスのことです。主に「知的障害特別支援学級」と「自閉症・情緒障害特別支援学級」があり、発達障害の子どもは「自閉症・情緒障害特別支援学級」に在籍します。また、通級指導教室とは、障害の程度は軽度であるものの、通常学級だけでは十分な対応が困難な子どもに対して、個別や小グループで週に一時間から三時間程度の専門的な指導をおこなうクラスのことです。どの学校にもあるわけではないため、自校にない場合は、親や送迎サービスの人が送り迎えをすることになります。

◉通常学級でサポートを受けながらやっていくケース

通常学級で過ごす際、自分だけでがんばるには限界があります。その場合は、支援員についてもらったり、外部の専門家や特別支援教育コーディネーターの助言を得て、合理的配慮をおこなってもらいます。

◉通常学級に在籍し、支援学級を利用するケース

この場合は、気が向いたときに行くのではなく、週三日など日時を決めて行くようにします。支援学級では、本人が落ち着くために、ゆったりとした授業をおこなってもらいます。ただし、このケースでは、いずれ支援学級に移る前提でおこなわれることが一般的です。

◉通常学級に在籍し、通級指導教室を利用するケース

発達障害の子どもの場合、このケースが最も多く見られます。通級指導教室を利用する子どもの学籍は通常学級で、指導者には専門的に学んでいる人が多く、子どもの支援だけでなく、保護者や在籍する通常学級の担任にもいろいろなアドバイスをしてくれます。その意味では、利用価値が高い教育サービスといえるでしょう。

また、発達障害の子どもの場合、学力は高くても、登校渋りや不安傾向が強い、他児とうまく関わることができない、などの理由によって支援学級に在籍するケースが見られます。保護者のなかには、「支援学級に入ったらずっとそのままでは……」と心配する人もいますが、以前に比べると、支援学級と通常学級の移動は珍しくありません。なかには、中学校二年生まで支援学級に在籍し、三年生から通常学級に移り、その後普通高校に行く例もあります。

通常学級にこだわる気持ちはわかりますが、まずは子どもに合った場を考えることが大切です。発達障害の子どものなかには、幼稚園では問題がなくても、小学校に入るといきなり不適応を起こす子どもがいます。過度なマイペースで、自分の思いどおりにならないと泣いたりキレたりして、集団行動が難しくなるのです。それが続くと、本人も周りもストレスがたまり、やがてほかの保護者から苦情がきたり、本人の登校渋りが始まったりします。その場合は、低学年は支援学級で過ごし、徐々に通常学級での交流を増やし、高学年から通常学級に転級する方法も考えられます。なお、支援学級の担任は力量に差があることが多いため、事前によく調べる必要があります。

就学支援委員会（就学先を判断する場）でどのような判定が出ても、ただそれに従うのではなく、まずは実際に学校（学級）に足を運んで話を聞き、体験してみて自分の目で確かめることが必要です。そのときに感じた先生やクラスの印象は、就学先を決める際の大きな判断材料になります。また、子どもの気持ちを存分に尊重することも大切です。親子で見て感じた印象が、最もふさわしい就学先につながるでしょう。

≫Q7　学校教育の課題は

日本の学校教育は、「みんな一緒に」という傾向が強く、随所で団体行動が求められます。ある小学校では、担任が「休み時間は全員外に出て遊ぼう」と号令をかけ、外遊びが得意でない子どもも校庭に行かざるをえない状況が作られています。その子は仕方なく毎日木陰で一人、時間が過ぎるのを待っています。本当は教室で好きな本を読みたいのに……。みんなに合わせることや運動が苦手な発達障害の子どもにとって、外遊びの時間はとてもつらいものになっているのです。

この場合、本当なら個々の子どもの意思を尊重すべきだと考えます。せめて、週に一日外に出る日を作る程度にしたほうがいいでしょう。学校教育は学習指導要領に沿って、一斉授業がおこなわれることが前提になっています。決して、一人ひとりのメニューがあるわけではありません。しかし、特別支援教育では、個別の教育支援計画に基づいて個に応じたプランを立てて実践することが求められています。つまり、この二つは明らかに矛盾しているのです。

おそらく、現場の教師にとっては、よほど力量がなければ、全体をリードしながら個にも細かい配慮をすることなど難しいのだと思います。その証拠に、教師に合理的配慮を求めると、高い確率で「○○ちゃんだけ特別扱いはできない」という答えが返ってきます。この発言は「特別支援教育をおこなわない」と言っているのと等しいことに、教師は気づいているのでしょうか。特別支援教育は、通常学級でもおこなう必要があるにもかかわらず、平気で「個は見られない」と言ってしまうのです。

支援が必要な子どもに「できない」と言ってしまうのではなく、少なくとも、その子を大事にする姿勢を示すことくらいはできるはずです。可能なかぎり、その子を「えこひいき」するのです。それを見たほかの子が「○○ちゃんだけずるい」と言ったら、その子にも「えこひいき」してあげます。そうやって、次々に「えこひいき」をしていけば、子どもは特定の子に手厚く支援している理由がだんだんわかってくるはずです。

もう一つ、学校側ができることは、発達障害について詳しい人（専門家）に助けてもらうことです。教師はどうしてもすべてを自分で抱え込み、自分の力だけで問題を解決しようとします。しかし、発達障害の知識がなければ、がんばればがんばるほど、よくない結果に陥る可能性があるのです。

パニックを起こしている自閉スペクトラム症（ＡＳＤ）の子どもにやさしく話しかけることが多くの場合不適切だということを、教師は知っているのでしょうか。また、そうじが苦手なことを知っているのでしょうか。そうじは、毎日同じように見えますが、ゴミや汚れは日々違うわけで、作業工程を臨機応変に変えていかなければなりません。ＡＳＤの子どもは、この臨機応変がとても苦手です。またＡＤＨＤの子どもは、もともと片づけが苦手ですから、最も苦手なことを求められるわけです。

最近、筆者の教室（発達支援教室ビリーブ）では、毎日のように学校から相談の電話を受けています。相談数は十年前よりも圧倒的に増えています。確実にいえることは、専門家に相談する教師が増えてきたということです。そのような相談を続けていると、子どもは徐々に学校で過ごしやすくなり、問題行動は徐々に減ってきます。なかには、相談の必要がなくなる例もあります。教師が、もう少し気軽に専門家からアドバイスを受けることができれば、どれだけ多くの子どもが幸せになることでしょう。わからないことは、わかる人に聞けばいいのです。

≫Q8　教師との付き合い方は

担任がどんな先生かということは、子どもや保護者にとって大きな関心事です。特に低学年の場合、子どもの人生を左右しかねないような出会いが待っているかもしれません。信頼できる先生が多いなか、ときに不信感を抱かざるをえない教師がいることも事実です。そのような場合、保護者は子どものために何らかの対処をする必要が出てきます。どうすればいいでしょうか。

まずは、担任の人間性や専門性をじっくりと知ることが大切です。発達障害の子どもにとって、いわゆる元気で明るい先生が必ずしもいい先生とはかぎりません。そのような教師は感性とか雰囲気（やさしさ、笑顔）で子どもを巻き込もうとしますが、やさしさや笑顔というような情動は、発達障害の子どもにはとてもわかりにくいものなのです。明るくやさしい先生が発達障害の子どもの対応で失敗することが多いのは、そのような理由があるからです。

担任を知るためには、例えば子どもをよく理解しているか、大切にしているか、関係が作れているか、臨機応変に対応しているか、情緒的に安定しているか、保護者の話を謙虚に聞けるか、などの視点から観察するといいでしょう。それが難しければ、少なくとも、子どもとうれしそうに関わっているか（関わり好き）、子どもを深く知りたがっているか（知りたがり）、の二点を見極めます。「関わり好き」な先生は、子どもと一緒にいて教師自身が幸せを感じ、子どものために自分が変わらなければと思える人です。それは、子どもに安心感を与えることにほかなりません。特に発達障害の子どもにとって、そのような関係性はとても大切です。育てようと必死になったり、大きな声で注意したり、できないことを努力させたりといった関わりは発達障害の子どもに必要ありません。

また、「知りたがり」の先生は、常に子どもから学ぶというように、子どもに謙虚に関わる人です。ときどき、自分は発達障害のことをよく知っていると思い込んでいる教師がいます。「ADHDなら担任したことがある」などと、知ったかぶりをするのです。しかし、発達障害はきわめて奥が深い領域であり、ちょっと知っていることは、ほとんど知らないことと同じです。そういう教師に限って、子どもが何か問題行動を起こすと、厳しく叱ったり、理屈で説得したり、家で反省させようとしたりします。そうではなく、まだよく知らないその子どもを知ろうとする姿勢が大切なのです。子どもが成長したら子どもがもっている力のおかげ、子どもが伸びなかったら教師の力不足、と考えられる人が最も理想的な教師といえるでしょう。

もし、教師に対して何らかの不満があるときは、遠慮なく伝えていきましょう。その際、感情的にならず、まずは不満を一つだけ伝えるようにします。長々と文句を言うことは、問題の解決にはなりません。子どもをよく知らないのであれば、保護者が子どもの特性や関わり方について、わかりやすく伝えればいいでしょう。担任との関係づくりは時間がかかりますが、焦らず、「先生も人間だ」とおおらかに考え、「担任を陰ながら支える」くらいの気持ちをもつことが大切です。その思いは必ず教師に伝わるでしょう。教師も人間ですから、保護者に大事にされなければ、子どもを大事にすることはできないのです。それでもうまくいかなければ、校長や教育委員会に相談することも視野に入れるといいでしょう。

≫Q9　不登園になり心配（幼稚園）

幼稚園の子どもが登園渋りになっているとします。心配した母親と園の先生が一生懸命園に連れていこうとしますが、子どもはいやがって泣いてばかりです。そのうちに、本当に不登園になってしまいました。親は無理に行かせたことを後悔し、これからどうすればいいか、途方に暮れています。子どもが不登園になったら、どうすればいいのでしょうか。

この場合、まずは幼稚園に行かせることを一時停止させるところからスタートします。大人自身が、べつに行かなくてもいいと、頭のなかで切り替えをします。そして、以前のように一緒に遊んで楽しかった時間を取り戻します。子どものために、思う存分時間を作ってあげるのです。少し甘えさせるくらいでちょうどいいでしょう。特に発達障害の子どもには、傷ついた心を癒やすために適切な環境と十分な時間が必要になるでしょう。

親子で安心した時間をもつことは、不登園に限らず、幼児期の子どもにとって最も大切なことです。安定した親子関係が深まれば深まるほど、子どもは外の世界（幼稚園）でも安心して過ごせるようになります。人ががんばるためには、まず十分に甘えさせてあげることが必要なのです。安心感がコップのなかにどんどんたまり、いっぱいになってあふれ出てくると、やがて子どもは幼稚園でもさほど不安にならずに過ごせるようになってきます。発達障害の子どもの場合、そのような対応が人一倍、必要になってくるのです。

また、園の先生にもお願いして、登園時にはできるだけ温かく関わってもらうようにします。短時間でも、一対一の時間を作ってもらうといいでしょう。もしかしたら、行きたくないのは、園生活で何か引っ掛かることがあるからなのかもしれません。そのため、子どもを取り巻く環境を見直してもらいます。例えば、感覚過敏が強い子ども（ASD）なら、大きい声は苦手でしょう。また対人関係が苦手な子どもなら、「みんなと遊ぼう」と誘われるのはいやでしょう。このように、子どもが渋る原因をいろいろ考えてみます。

そして、園生活の流れをできるだけゆったりとさせ、できれば本人が興味があるものを随所に取り入れてもらいます。例えば、恐竜が好きなら、教室や廊下の一角に「恐竜コーナー」を設けます。恐竜図鑑や恐竜の模型を並べることで、子どもの居場所を作ることができます。本が好きなら、お気に入りの本を毎日読んであげてもいいでしょう。そうやって、本人に幼稚園が楽しい場であるということを印象づけていきます。やがて子どもは「恐竜コーナーが楽しいから幼稚園に行きたい」と言うようになるかもしれません。

ところで、幼稚園の遊びはごっこ遊びが中心です。特に女の子の場合、年中から年長にかけて、ほぼすべての遊びがごっこ遊びです。しかし、ASDの子どもは、ごっこ遊びが得意ではありません。ある小学生のASDの女の子が「私は幼稚園のとき、おままごとを一度もやったことがなかった」と回想していました。何かに見立てるのはイメージする力が必要になり、それはASDの子どもが最も身につけにくい力だといわれています。大人はこのような子どもの特性を十分に理解し、ASDの子を無理にごっこ遊びに誘わないようにします。なにげない誘いかけは、発達障害の子どもの不登園につながりかねません。本読みでも、積み木やミニカー並べでも、その子が安心して過ごせる時間を確保してあげます。また、食べ物や場所、人（先生、子ども）の好き嫌いを知ることで、どうやれば子どもが幼稚園に来やすくなるかをじっくり考えるようにします。

不登園を完全になくすのは難しいことです。子どもの特性（特に発達障害の子ども）やちょっとしたきっかけで、行けなくなることはたくさんあります。保護者は不登園を特別なことと考えず、誰にでも起こる可能性があると考え、毎日の子どもの様子（小さな変化）を丁寧に見ていくことが必要です。

Q10　不登校になり心配（小学校）

小学生になり、最初は登校できていたものの、ある日突然、朝起きられなくなり、登校渋りになっていくケースがあります。不登校になるには、いろいろな理由が考えられます。友達関係（いじめなど）や先生との関係がよく挙げられますが、実際にはそのような理由は直接的なものではなく、あくまで行けなくなる「きっかけ」だと考えるといいでしょう。

不登校児のなかには、発達障害の特性をもつ子どもが多いといわれています。不登校児全体の五％から四〇％近くを発達障害の子どもが占めるという調査結果も報告されています（加茂聡／東條吉邦「発達障害と不登校の関連と支援に関する現状と展望」「茨城大学教育学部紀要（教育科学）」第五十九号、茨城大学教育学部、二〇一〇年、参照）。過度なマイペースさや他者視点の弱さから言動が自分勝手になって、周囲から注意を受けることが多くなり、「なぜか他人がすぐに怒る」という思いが募り、不安傾向を強め、二次障害としての不登校につながっていくのかもしれません。

では、不登校になったらどうすればいいのでしょうか。

まずは、子どもにもそれなりの理由があると考えます。よく「そんな理由は大したことない」とか「誰だって多少のつらさはがまんしている」と言う大人がいますが、その発言は「あなたにはがんばりが足りない」「あなたは人より劣っている」と言っているのに等しく、子どもをますます窮地に陥れてしまいます。また、「がんばれ」「大丈夫だよ」などの励ましも適切ではありません。がんばったのに行けなくなった子どもに、さらに「がんばれ」と言うのは、追い詰めるだけになってしまいます。

理由を受け止めたあとは、家庭が居心地のよい場所になるようにしていきます。リラックスして親子が何でも言い合える関係になれば、子どもはそれまでためてきた不安やストレスを吐き出すようになってきます。また、学校に長期間行かないと、起床・就寝時間が遅くなったり、運動不足や学習面での遅れが生じたりするようになります。ゲームやテレビに依存する割合が増え、同世代の子との関わりが大幅に減ることも考えられます。そのため、ある程度は規則正しい生活をしながら、軽い散歩や食事の手伝いなど体を使って「何かをする」ことを習慣づけるといいでしょう。

ある程度気持ちが安定してきたら、まずは放課後に登校して担任などと話をするといいでしょう。親以外の大人と話すことは、子どもにとって貴重な経験になります。そのあと、単発でもいいので、特定の教科の授業や行事に参加してもらい、そこで安心して過ごせたという経験を積み重ねていきます。

その際、家庭での様子を定期的に学校側に報告し、学校でもストレスがたまらないような環境づくりをしてもらいます。例えば、授業の遅れは、カウンセリングルームや支援学級の先生にサポートしてもらいます。また、子ども本人にも学校への要望を聞いてみます。すべての要望に応えられなくても、大人が一生懸命対応している姿を見せることは、子どもの心を揺さぶるはずです。

いずれにせよ、不登校に焦りは禁物です。行きつ戻りつ、ごく小さな一歩を大切にしていくことが求められます。子どもが行けなくなると、子ども以上に不安になり、少しでもうまくいくと、うれしさからついもっとがんばるように言ってしまうのが親の常です。不登校は、保護者の気持ちを反映している部分も多いともいわれています。そのため、親自身が安定した姿を子どもに見せていくことが大切です。

≫Q11　不登校になり心配（中学校以降）

不登校というと、中学生という印象が強いのではないでしょうか。現に小学校一年生から中学校三年生までの不登校の人数を比較すると、小六から中一になるところで急に人数が跳ね上がることが知られています。これを「中一ギャップ」といいます。この「中一ギャップ」に最も影響しているのが思春期です。
　思春期（十三―十八歳）の子どもは、周りにどう見られているかと常に人目を気にしています。人との違いに敏感で、たまにテストの点数がよくても、ちょっとしたことですぐに自信をなくしてしまいます。かと思えば、自信過剰になるところもあります。このように、強気になったり弱気になったりと、フラフラと揺れるのが思春期の特徴です。その時期と発達障害が重なると「対人過敏性」が強まり、人前でおどおどしたり、気後れしたりしてしまうようになります。

　不登校の子どもの多くは、家でゲームやインターネットに没頭するようになります。なかには、昼夜逆転の生活をする子もいます。親が注意すると、それまではおとなしかった子どもが急に反抗的な態度を示すようになることがあります。この場合、まずはゲーム三昧の状態を認めてあげるところからスタートします。時間など一定のルールは設けるにしても、細かい制限はせずにとことんやらせるのです。大人も一緒になって楽しむといいでしょう。この期間の目標は、好きなことをとことんやりきり、親子関係をよくすることです。学校には行かないけれど、家庭内ではリラックスできていて、親とは仲良し、ということを目指すのです。

　思春期は、基本的に細かいアドバイスをしないことが大切です。心配なのはわかりますが、そんなことは子ども自身もよくわかっています。それでもどうにもならないのが不登校です。ある程度落ち着いてきたら、親以外の相談相手も作るといいでしょう。先生でも専門家でも、誰でもかまいません。放課後にちょこっと学校に行き、短時間でも話をするのです。雑談をしながら、だんだん親には話せないことも話すようになるかもしれません。そうやって、子どもは不登校の状態から少しずつ復帰への道のりをたどっていくのです。

また、学校に直接アプローチすることも必要です。学校生活の何が障壁なのか、親子と教師で話し合っていきます。先生が怖い、友達とうまくいかない、授業がわからない、部活がつらいなど、いろいろな原因があるでしょう。学習面の課題であれば、教師と相談して、何らかの手立て（合理的配慮）を考えてもらいます。例えば、あらかじめ授業内容をまとめたレジュメを作ってもらう、放課後に授業の復習をしてもらう、特別支援学級の先生に別の課題を提供してもらう、などが考えられます。ただし、不登校の最中は、勉強にはあまり重きを置かないようにします。高校受験が気になるところですが、たとえ勉強するにしても、せめて家の手伝いや、親と一緒に買い物に行くなど、勉強以外の時間も大切にするといいでしょう。

不登校の問題は、不登校になってからよりも、なる前に対応したほうが解決しやすいといわれています。兆候にいち早く気づくことで、事前に予防することができるのです。いろいろな身体症状（頭痛、腹痛、吐き気、だるさ、食欲不振、眠気など）や精神的な症状（イライラ、無気力、集中できない、不安など）、学校や友達の話をしたがらない、朝起きられない、部活を休む（さぼる）など、普段と違う様子をできるだけ見逃さないようにします。気づいたときは、とにかく無理をさせないようにします。しばらく休養させて、焦らず回復を待つのです。もし原因が特定できそうなら、それを取り除くことも必要です。簡単なことではありませんが、実際に不登校になることを考えれば、やってみる価値は大きいといえるでしょう。

≫Q12　小学生の子育ては

発達障害の子どもが小学校に入ってからは、いくつかの節目があります。まず一年生。本来一年生は、男女の分け隔てなく、誰とでも仲良くすることができるといわれています。六、七歳はそういう年齢であり、だからこそ、幼稚園や保育園から小学校に移行する年齢でもあるのです。しかし、ＡＳＤやＡＤＨＤの子どもは、周りのペースに合わせる力が弱いため、どうしても集団からはみ出してしまいます。子どもによっては、人の気持ちがわからず、マイペースすぎて、学級崩壊などクラスに重大な影響を及ぼすこともあります。その場合は、早期の対応が必要になってきます。

◉低学年への対応

友達との関係よりも、まずは大人との関係を深めていくことが大切です。大人と接することで、相手の気持ちがわかるようになってきます。その力がないと、誰かが先生に叱られたときに、「それはやってはいけないんだ」と自分に置き換えることができません。その意味では、担任はあまり変わらず、二年から三年間は同じ教師にもってもらうことが理想的です。また、ごたごたがあるクラスで過ごしていると、やがて学力も低下してしまいます。そのため、自己肯定感を下げないためには、低学年で特別支援学級を選択し、本人に合った教育を受けるという方法も考えられます。

◉中学年への対応

中学年は、さらに学習面での問題が生じてきます。授業内容のレベルが一段と高くなり、学習が具体的な内容から抽象的な内容へと変化します。算数では、分数や小数の掛け算や割り算（四則計算）、「割合」「比」「速さ」などが出てきます。低学年までは反復練習でカバーできていたものが通じなくなるのです。ほかにも、理科の電気（目に見えないもの）や国語の説明文（身近でないテーマ）、助詞などで戸惑うようになります。特に、発達障害の子どもは、この時期に勉強が嫌いになるケースが多く見られます。周囲の大人は、教え方をいろいろと工夫することが必要になってきます。

◉高学年への対応

高学年になると、友達関係に変化が生じてきます。それまでみんなで仲良くしていたのが、徐々にグループ化してくるのです。いわゆる「ギャングエイジ」というものです。ギャングエイジは、仲間を強く意識することで、『ドラえもん』ファミリーのようになるといわれています（成重竜一郎『不登校に陥る子どもたち――「思春期のつまずき」から抜け出すためのプロセス』合同出版、二〇二一年、参照）。のび太くん、ドラえもん、ジャイアン、スネ夫、しずかちゃんの五人は、全く違うタイプにもかかわらず、共通の楽しみを通じてお互いがとてもいい関係を築いています。それが、高学年から見られる仲良しグループです。

そのような関係性のなかで子どもたちは、自分の立ち位置（自分がいかほどであるか）や相手からどう見られているかについて意識するようになってきます。それによって、社会に出たとき、集団のなかでどう振る舞えばいいかを学ぶことができるのです。しかし、発達障害の子どもは、その時期にいろいろな子と接することが難しいため、中学校に入ると対人関係がうまくいかなくなってしまいます。周囲の大人は、日頃あまり接しない子どものなかから本人に合いそうな子を選び、グループを組ませるなどの配慮をしていくといいでしょう。

小学校時代は、それぞれの学年に応じて、身につけることが変わってきます。そのつど丁寧に対応することで、発達障害の子どもの特性は軽減されるでしょう。何もしなければ、中学校に入ったとたん、体の不調や不登校になる可能性があることを理解し、低・中・高学年と節目に応じて対応していくことが必要です。

》Q13 高校進学に悩んでいる

発達障害の子どもの進路については、多くの人が悩むところです。中学校を卒業すると、一般的には高等学校に進学します。高等学校には、全日制、職業科、定時制、通信制などがあり、そのほとんどは入学試験があるために受験勉強をしなければなりません。子どもによっては特別支援学校の高等部を選択するケースもあります。

どこの学校を目指すかは、本人の希望をもとに親や教師などと相談して決めます。発達障害の子どもは、自分を客観視することが苦手なため、実力以上の高校を希望するケースがよくあります。そんなとき、周りの大人は「そこは無理」と頭ごなしに否定しがちです。しかし、それはあまりいい対応とはいえません。否定されれば、反発を強めるだけでしょう。レベルが高い学校を目指すことは、決して悪いことではありません。「大口を叩いたのに全然勉強しない」などと言わず、しばらくは子どものがんばりを見守ってあげるといいでしょう。

子どもに「失敗させないように」と思うのは、親なら当然のことでしょう。しかし、親がやるべきことは説得ではなく、子どもと一緒に学校見学に行ったり、資料を調べたりして、親子で志望校に詳しくなることです。そのうえで、「あなたの成績は○○で、A学校の偏差値は○、B学校は○」と客観的な資料を提示すれば、子どもは納得してくれるはずです。その場合、「C高校がいいよ」などと誘導するようなことはせず、できれば親よりも先生などの第三者に意見を言ってもらうといいでしょう。

それでも、当初の志望校を変えなければ、滑り止めを受験することを条件に挑戦させればいいでしょう。強引に本意でない学校を受けさせると、その学校に入ってもやる気が出なかったり、「親のせいでここに入った」といつまでも納得しなかったりする可能性があるのです。自分自身で決めたことであれば、たとえ受験に失敗して一時期落ち込むことはあっても、誰のせいにもせず、比較的早く立ち直ることができます。自分のことは、自分で決める……。それは、子どもの成長にとって貴重な体験になるのです。

なかには、定時制や通信制の高校に行くケースもあります。通信制高校には、不登校の子どもが多く在籍しています。全く通学しないコースから、週に一日から四日通学するコースなど、形態は様々です。ただし、通信制高校には、発達障害の専門家がいるわけではありません。また、思ったよりもレポートを提出しなければならないなど、決して楽なわけではありません。ある程度の学力がないと、学校生活が続けられず、毎年多数の人が退学しているということを、事前に知っておく必要があるでしょう。

特別支援学校の高等部には、受験を要する高等特別支援学校があり、小四レベルの入学試験があります。高等特別支援学校は卒業後の就労を目指していて、作業に特化しているという点で、発達障害の子どもには向き不向きがあるでしょう。また、地域によっては、高校内分校があります。高校内分校とは、高校の一部を借りて、少人数で教科学習や職業の授業（食品加工やオフィス作業など）をおこなう学校です。高校内分校の生徒は、卒業してもすぐには就労せず、就労移行支援事業所などを経て仕事に就くことが多いようです。高校の特別支援学級というイメージでしょうか。このように、中学卒業後の進路には多くの選択肢があり、保護者は子どもの特性を十分に知ったうえで、本人とともに適切な進路先を考えていくことが望まれます。

Q14　大学進学に悩んでいる

発達障害の子どものなかには大学への進学を目指す子がいます。将来やりたいことがあって○○学部に行きたいという子もいれば、何となくいい大学に行きたいなど、理由は様々です。しかし、大学に入学しても、うまく学生生活を送れないケースがあります。また、受験の段階でつまずくケースもあります。発達障害の子どもにとって、大学進学とはどのような意味をもつのでしょうか。

小・中学校のときに親から「いい学校を目指せ」と言われて育った子どもは、やがて競争心が強まり、有名大学を意識したり、テストの点数や順位、偏差値にこだわったりするようになります。

人生の価値観が成績に一元化され、テストの結果に一喜一憂するようになるのです。受験が近づいて成績が伸びないと、心配した親から「どこの大学でもいいよ」と言われることがあります。しかし、それまで「いい学校を目指せ」と言われてきたのに、そう言われても本人は納得することができないでしょう。

発達障害の子ども（特にＡＤＨＤ）は、もともと努力しつづけることが得意ではありません。受験勉強のような長丁場には向いていないのです。だからこそ、親は競争心をあおるようなことはやめ、人と比較をせず、好きなことをより深めていくためのサポートをしていくことが大切です。やりたいことを一生懸命やり、その延長が大学進学につながっていくのです。

運よく大学に入っても、発達障害の人はいろいろな場面でつまずくようになります。大学では自主性が求められ、より高度な対人関係やコミュニケーション力が必要になってきます。授業での発表やレポート、ゼミ、サークル、就職活動など、どれも発達障害の人が苦手なことばかりです。履修登録一つとっても、その作業は容易ではありません。入学当初のガイダンスで一生懸命説明を聞いても、一つ二つ失敗してしまいます。彼らは、多くの情報を処理することが苦手なのです。

学び方も、高校までとは大きく違います。それまでの「与えられる課題」から「自分で課題を作る」ことが中心になってきます。レポートを期限内に仕上げることも、簡単ではありません。特に、ゼミなどのグループディスカッションは苦戦が予想されます。なかでも、就職活動は最大の難関です。卒業後は、人と協力しておこなう仕事が圧倒的に多いため、学生時代はそのための修業の場でもあるのです。では、大学生活をどのように送ればいいのでしょうか。

まずは無理をせず、ゆとりをもって日々の生活を送ることを第一に考えます。その意味からも、できれば偏差値などにこだわらず、本人のレベルよりも少し下の大学に行くことが望ましいと思われます。学びの面で余裕ができれば、苦手な手続きや対人関係、コミュニケーションに力を向けることが可能になります。この際、「偏差値が高い大学のほうが幸せになれる」という考えは捨てたほうがいいでしょう。

最近の大学では、発達障害がある学生へのサポートが充実してきています。学生相談室で気軽に相談できたり、「配慮願い」を出すことで授業やレポート、試験など、大学生活全般で一定の配慮をしてもらえたりします。入学してすぐに大学側に相談し、自分の様子を詳しく伝えていくといいでしょう。何もせずに問題が起きてしまうと、困難はどんどん広がってしまいます。大学を目指すと決めた時点から、自分のこと、受験のこと、入学後のことについて、親や先生といろいろ話し合うことが大切です。

3——その他

≫Q15 二次障害を予防するためには

二次障害とは、発達障害（一次障害）からくる困難に対し、それが周りから理解されなかったり、繰り返し注意されたり、不安な経験をしたりすることなどによって自己肯定感が下がり、うつや不安障害、不眠、不登校、ひきこもり、身体症状（頭痛、吐き気）、暴力が発生する状態のことをいいます。一度、二次障害を発症すると、回復するのを待つしかありません。時間がかなりかかりますが、それ以外に方法はありません。うつ症状や不眠などがひどいときは、医療機関で診察してもらうことも必要になってきます。

そのため、幼少期から二次障害につながる関わりや環境を取り除いていきます。私たちが発達障害の子どもにいろいろなアプローチをするのは、二次障害を発症させないという理由がとても大きいのです。いくつか事例を紹介しましょう。

◉平気で嘘をつく子どものケース

発達障害の子どものなかには、平気で嘘をついたり、話を誇張したりする子がいます。最初は周りの子とうまくやっていても、やがて「嘘つき」と言われ、無視されるようになります。しかし本人は、なぜそうなったのかがわかりません。そうするうちに「自分はダメな人間だ」と劣等感を抱くようになり、やがて朝起きれなくなったり、頭痛や吐き気、登校渋りが始まったりします。この場合、大人が関わる場面がほとんどないぶん、難しいケースになってきます。

◉字を書くのが苦手な子どものケース

ある発達障害の子どもは字を書くことが苦手で、いつも先生から「もっと丁寧に」と言われています。家庭でも、宿題とは別に毎日一時間、書き方の練習をさせています。親としては無理をさせているつもりはなく、ほんの少し苦手なことをがんばらせているといった意識です。子どもはときどきいやな顔をしますが、何とか練習を続けています。しかし、いくら練習しても一向に字は上達しません。やがて子どもの学習への意欲は低下し、自分に自信がもてなくなってしまいました。努力をしても実らない……。その事実は、子どもの気持ちを大きく傷つけることになったのです。

子どもを傷つけずに育てることは本当に難しいものです。誰が見ても不適切だと思われるアプローチによって二次障害が起きるのは、むしろまれなケースでしょう。自分はがんばっているのに認められない、なぜか叱られてばかりいるという理不尽な境遇のなかで起きることのほうがはるかに多いと思われます。多くの大人は、「厳しく言えば改善される」「がんばらせれば何とかなる」と考えますが、子どもは大人が思うほど強くはないのです。

大人は自分の尺度や他児との比較で、発達障害の子どもを見てはいけません。その子の尺度で子どもを理解し、ごく丁寧なアプローチをしていく必要があるのです。書字が苦手であれば、字の練習に取り組むこと自体が苦痛だと考えたほうがいいでしょう。それでも子どもが毎日取り組むのは、親子間の力関係がそうさせているのであり、大げさにいえば、子ども自身、人生を諦めてしまっているのです。この場合、上手に書けるようになることにこだわらず、字を書くことに興味がもてるという程度の目標を立てれば十分です。二次障害の予防には、そういう柔らかいアプローチが必要なのです。そのためには、学校も家庭も、いつも安心できる場、リラックスできる場であることを目指していくことが大切です。

≫Q16　知能検査をどう考えるか

学校関係者はよく、「知能指数（ＩＱ）はいくつか？」「まずは知能検査を受けましょう」と言うことがあります。知能検査は、もともと軍隊で教育するときに、普通に教育ができるかどうかを把握するために作られたといわれています。それが現在では、教育や福祉の場面で活用されているわけです。厚生労働省では、知能指数を知的障害があるかどうかの判断基準の一つとしていて、その程度区分を、ＩＱ五一―七〇を軽度（知的障害の約八五％）、ＩＱ三六―五〇を中度（約一〇％）、ＩＱ二一―三五を重度（約三―四％）、ＩＱ二〇以下を最重度（約一―二％）と規定しています。発達障害の子どもは、知的障害を伴わないケースが多いのですが、なかには境界知能（ＩＱ七〇―八四）や軽度知的障害の子どももいます。

子どもはどのような理由で知能検査を受けるのでしょうか。一般的には、就学前やクラスを転籍（通常学級から特別支援学級へなど）するときに受けることが多いようです（ちなみに、五歳ごろに測定したＩＱは、その後の変動が少ない）。

特に、全体の約一四％（三十五人クラスに約五人）を占める境界知能（ＩＱ七〇―八四）の子どもは、軽度知的障害の子とほぼ同じ問題を抱えているにもかかわらず、療育手帳がもらえず公的なサービスを受けることができません。そのため、大人になって仕事を転々としたり、ひきこもったり、犯罪に巻き込まれたりといったケースが少なからず見られます。療育手帳を取得できなくても、学校教育では彼らの困り感に寄り添い、適切な教育や支援（合理的配慮）をおこなう必要があるのです。

ところで、アメリカ精神医学会が作成した「精神疾患の診断・統計マニュアル」の第五版（DSM―5）では、以前はあったIQによる判断の記載がなくなっています。それは、IQが子どもを理解するうえで、あまり意味をもたないことを示しています。しかし日本では、IQにこだわる教育・福祉関係者が多数います。

現場では、WISC知能検査がよく活用されています。WISCは、ある程度子どもの傾向を見ることはできるものの、万能ではありません。例えば、その子の性格や多動・衝動性、コミュニケーション力、臨機応変の力などは測定することができません。また、IQが高く出てしまい、それでも学習が振るわないと努力不足を疑われ、より詰め込み教育をさせられることにもなりかねません。

教師の一部に、WISCの下位項目を見て「○の部分が低いからそこを上げなければ」と考える人がいます。しかし、知能検査はそのように活用するものではありません。低い部分を伸ばすのではなく、得意なところをさらに伸ばし、その結果、苦手な部分も底上げされるという道筋を作っていくことが大切です。せっかく知能検査をしても、子どもにプレッシャーをかけることになってしまったら元も子もありません。

◉IQが低い子どもが大学に進学したケース

小学校低学年のときにIQ六五だった発達障害の子ども（特別支援学級在籍）が、普通高校に合格し、そのあと大学に進学して経済学を学んでいます。ＩＱ六五といえば軽度知的障害で、本来は福祉の対象になるはずです。もちろん、すべてが順調というわけではなく、大学入学後に履修登録で失敗したり、アルバイトを何度も解雇されたり、友達ができなかったりなどの問題はあります。それでも、めげずに大学生活を送っています。ちなみにその学生は、小学校一年生から療育を受けていて、いまも通っています。常に専門家のアドバイスを受けながら、人生を歩んでいます。子どもはみんな、大きな可能性を秘めているのです。

知能検査は、誤差が大きいともいわれています（＋－五程度）。大人はＩＱに振り回されることなく、あくまでも参考資料として活用していくといいでしょう。その分析や活用法については、詳しい専門家に依頼することが重要です。

≫Q17　いじめをどう考えるか

いじめとは、いじめ防止対策推進法（平成二十五年法律第七十一号）で「児童等に対して、当該児童等が在籍する学校に在籍している等当該児童等と一定の人的関係にある他の児童等が行う心理的又は物理的な影響を与える行為（インターネットを通じて行われるものを含む。）であって、当該行為の対象となった児童等が心身の苦痛を感じているもの」と定義しています。いじめは、いじめられた側がいじめと認識した瞬間から、いじめになります。よく、いじめた側が、「ちょっとふざけていただけ」と言い訳をしたり、「いじめられる側が悪い」とされたりするケースがありますが、法律はそれを否定しています。

いじめの背景には、いじめる側のストレス発散や、人より優位に立ちたいという攻撃性が潜んでいるといわれています。優位に立ちたい人はもともと劣等感をもっていることが多く、人からそれを指摘されまいとするあまり、攻撃性が強まってしまうのです。発達障害の子どもは、いじめ被害に遭うことが多いといわれています。

◉人にちょっかいを出し、暴力を受けたケース

人にちょっかいばかり出しているＡＤＨＤの子どもが、あるとき突然相手の子から暴力を振るわれたケースがありました。このケースでは、暴力を受けた側が、そのあと、周りの子たちから無視されるようになりました。長い期間にわたってちょっかいを出し続けたことが、多くの子どもたちの不評を買うことになったのです。

◉相手の気持ちが読み取れないケース

あるＡＳＤの子どもは、授業中にふざけていたグループの子たちを注意して、その結果、そうじ用具入れのロッカーに閉じ込められてしまいました。別のＡＳＤの子は、冗談で言われたことを本気にしてキレたことで、周りからいやがらせを受けるようになりました。このように、ＡＳＤの子は、相手の気持ちが読み取れず、人間関係がぎくしゃくしてしまうことが多いのです。

これらのケースでは、もちろんいじめた側が悪いのであって、いじめられた側は悪くありません。いじめを受けた側は、それが大きな傷になり、いつまでも記憶に残ることになります。それに対して「この経験を生かして……」「悔しさをバネにして……」などと言う大人がいますが、それは間違いです。彼らは、なぜいじめられたのかがわからないのであり、理由がわからなければ、経験が役立つことはありません。では、どうすればいいのでしょうか。

まずは、日頃からいじめが起きないよう、学校側に発達障害の特性についてわかりやすく伝え、そのための対策をとってもらいます。結局、担任が温かい目で子どもを見て、おおらかに接していれば、ほかの子どもも同じように関わるようになっていきます。そのように、子どもを取り巻く環境をよりよいものにしていくことが大切です。

また、実際にいじめが起きてしまったら、学校側にきちんと対応してもらう必要があるでしょう。それは、法律で義務づけられています（いじめ防止対策推進法第二十三条第四項）。それでも学校が前向きにならなければ、対策をとらないことが違法行為であることを指摘します。さらに、学校の「いじめ基本方針」にのっとり、その内容に沿った対応をしてもらうといいでしょう。いじめを受けたときには、相手になぜいじめたのかを説明させ、保護者同伴できちんと謝罪してもらいます。そうしなければ、発達障害の子どもは納得することができないのです。そうやってはじめて、子どもが周りからきちんと守られていることを学校全体に周知することができるでしょう。

》Q18 服薬をどうするか

発達障害の子どもは、落ち着きがなかったり情緒不安定になりやすいため、薬を飲むこともあります。現在、発達障害を治す薬はないものの、多動、衝動性、不注意など一部の症状に有効な薬はいくつか報告されています。ADHDとASDに有効とされる薬には以下のものがあります。

◉ADHDに処方される薬
- コンサータ（メチルフェニデート）
- ストラテラ（アトモキセチン）
- インチュニブ（グアンファシン）
- ビバンセ（リスデキサンフェタミン）

◉ASDに処方される薬
- リスパダール（リスペリドン）
- エビリファイ（アリピプラゾール）

服薬は、誰にでも等しく効果があるわけではありません。もとの症状に違いがあり、年齢や体も違えば、当然効き方は違ってきます。なかには効果てきめんで、安定した生活を送る子どももいます。あるいは薬が効きすぎて非活動的になり、自分らしさを失ってしまうこともあります。そのため保護者は、通院を重ねながら、子どもの様子を医師に詳しく説明する必要があるでしょう。その際、副作用の説明も十分に受けるようにします。

ところで、投薬前に考えることがあります。それは、関わり方や場面設定など環境を変えることで、子どもが変わるかどうかをしっかりと見極めるということです。視覚情報が多すぎて落ち着かないのであれば、場面をシンプルにしていきます。声をかけることが多すぎて混乱している場合は、ことばを減らしていくといいでしょう。そのような配慮で子どもが落ち着けるようであれば、すぐに薬を飲む必要はなくなってきます。

一方で、薬を使うことに懐疑的な保護者もいます。副作用や飲む期間を心配し、できれば避けたいと思っているのでしょう。なかには副作用が強く出て、つらい思いをする子どももいます。薬が合わずにやめてしまう子もいます。また、最初は副作用があったものの、だんだんと慣れていき、気にならなくなることもあります。薬と上手に付き合い、飲んでいるときと飲まないときの自分の違いを実感できるという子どももいます。

つまり、服薬の影響は人それぞれであり、その人に合った使い方をしていくことが重要です。以前に比べて、薬への抵抗感が減ってきていることも事実です。学校と医師が連携するケースも増えています。いずれにせよ、服薬は、その効果が実感でき、副作用も気にならない程度になることが前提になってきます。絶対に飲む・飲まないと決めつけるのではなく、合う薬を時間をかけて医師と相談して探していくことが大切です。

なお、薬は絶対的なものではなく、一時的に症状を和らげるもの、と意識することが必要です。幼少期のうちは効果があっても、年齢が上がるにつれて効果が薄れてくることもあります。そのため、服薬しながら、落ち着いているときにいろいろな力を身につけ、その状態をよく覚えておきます。服薬によって、安定している自分を実感しながら、自己肯定感を少しずつ高めていくのです。服薬を続けているうちに年齢が上がり、心身ともに成長して行動面がある程度改善されたときには服薬をやめるという選択肢も出てくるでしょう。筆者の教室にも、そういうケースはたくさんあります。

第5章　いろいろな子どもから学ぶ——発達障害の事例

最後に、発達障害の事例を紹介しましょう。ここでは、これまで述べてきたいろいろな考え方を実際の場面でどのように生かすか、具体的に提示します。子どもは一人ひとり違います。似ているようで、全く同じ子は一人もいません。百人いれば百通りの子育て法があるのです。

とはいえ、すべての子どもに共通する大事なことがあるのも事実です。特に発達障害の子どもは誤解されやすく、気づかずに不適切な対応をされてしまうことがよくあります。対応に困ると、親も教師もすぐに解決しようとしてしまうのです。そうではなく、一見遠回りに思えるコースをたどりながら、実はいちばんの近道になるコースがあることを、様々な事例を通して理解できると思います。

なかには、みなさんが日頃関わっている子どもと同じようなケースがあるかもしれません。似ているところもあれば、違うところもあるでしょう。いろいろな子どもの特徴をじっくり見ていけば、それはきっと自分が関わる子どもへのヒントになるはずです。そのことを、本章で実感してほしいのです。

1――人とのやりとりが成立しにくい発達障害のAちゃん（幼稚園・年中、女児）

◉経過

Aちゃんは、注意欠如・多動症（ADHD）と自閉スペクトラム症（ASD）の特性を併せ持つ五歳の女の子です。明るく無邪気で、よく笑い、気に入った大人との時間をいつも楽しんでいます。知的レベルは境界知能（IQ七〇―八四）で、ことばの理解や状況を把握することが難しい様子です。療育の教室に入ると、最初は大人の顔を見てニコニコしているものの、そのうちにそわそわして歩き回り、次から次へとおもちゃや楽器を触っています。少し触ってはすぐに気持ちが逸れ、別の物を触るという感じです。いったん遊び始めたおもちゃでも、思いどおりにならないとすぐにやめてしまいます。玉を穴に入れるとクルクル回って落ちてくるおもちゃでは、途中で玉が止まってしまうと、何とかしようとするわけでもなく、すぐに諦めてしまいます。その場から離れ、別のおもちゃへと気持ちが移ってしまうのです。

このように、いつも一つのことにじっくりと関わることができません。せわしないので、大人が話しかけてもよく聞けず、一人であちこちに動き回ってしまいます。

おもちゃを触っている最中は、常におしゃべりをしています。それは、誰かに話しかけるというものではなく、独り言のようにぶつぶつ話すのです。「あのねー。○ちゃんねー。これできるよ」と、まるで実況中継のように話しています。ときどき、大人に対して「(これ) くるま」などと見せることもありますが、「くるまだね」と応えると、急いで顔をそらして離れてしまうため、やりとりは成立しません。

絵本の読み聞かせをしていても、読んでいる最中ずっとおしゃべりをしています。内容に入り込めず、おしゃべりをするか、勝手にページをめくるか、です。文字には興味があり、目に入ると一文字ずつ読むことがありますが、絵には興味を示しません。大人が「キリンだね」と言っても、キリンを見ることはありません。大人と内容を共有することができないのです。「ねえ、見て見て」(他者に見せる、提示する＝showing) も成立しません。

ときどき簡単な質問をしますが、話がうまくかみ合いません。「朝ごはん、何食べたの?」と聞いても「○ちゃん (妹) ねー。泣いてるよ」などと言うのです。その一方で、気持ちがこちらに向いているときは、「サンタさんに何もらうの?」と聞くと、「お人形さん」と答えることがあります。ただし、かみ合うのはそこまでで、次に続くことばは、「人形、○○ちゃん、持ってるよ」「○○ちゃん、お休み」「パパ、おしごと」と話はどんどんずれていってしまいます。

Aちゃんは、一人でごっこ遊びをすることがあります。おもちゃの野菜を切ったり皿に盛ったりと、一人二役で、ぶつぶつ言いながら遊んでいます。そんなとき、なかに入って「はい。にんじんどうぞ」と言うと、すぐに遊びをやめてしまいます。人と一緒にやるのは、どうもいやなようです。また別のとき、「首の長い動物は?」とクイズを出すと、自分の首を触り、すぐに「わからない」

と言っていました。

楽器遊びではトライアングルがお気に入りで、毎回金属のばちで叩いて音を楽しんでいます（左手で持って右手で叩く）。しかし、あまり長い時間は続きません。ピアノ伴奏をつけて一緒に演奏しようとすると、伴奏よりもどんどん速く強く叩いてしまい、途中で疲れてやめてしまいます。相手のテンポに合わせることが難しく、どうしても自分のペースを優先してしまいます。

ほかにも、手指を使うことが難しく、洗濯ばさみを五本指で握ろうとしたり、鉛筆が握り持ちになったりします。目と手を使うことが難しく、点と点を結ぶワークでは、出だしは順調でも途中で目が離れてしまい、遠く離れた点と結んでしまいます。○を書くときも、右回りになったり左回りになったりと一定せず、書き方がなかなか定着しません。

発音が不明瞭なところもあります。「マラカス」を「マワカシュ」、「おもちゃ」を「おぼちゃ」、「ミッキー」を「ミッチー」、「ひこうき」を「ひとうち」などと発音します。言ったことが伝わらないのはいやな様子で、聞き返すと、二度目は言ってくれません。

両親は日頃からAちゃんの発達について心配していました。幼いころから、両親は一生懸命にことばを教え、ことばの間違いを修正し、文字を教え、できることを増やそうとがんばっていました。何とか、小学校の通常学級に行かせたいと思ったのでしょう。その気持ちが負担になったせいか、Aちゃんはいつもせわしなく、何かができないと顔が曇り、失敗しても再度やろうとせず、しょっちゅう大人の顔色をうかがうようになっていました。また不安が募ると、すねたり泣いたり、わがままなことを言うようにもなってきました。

◉考察

多動や衝動性が見られるAちゃんにとって、自分の行動を注意されたり、やめるように説得されたりすることは、とてもつらいようです。発達障害の子どもは、このような努力をさせると逆効果になることが多いのです。もちろん、親の気持ちはよくわかります。もう少しがんばればみんなと同じようにできるのでは、と一生懸命になるのは自然なことなのでしょう。しかし、本人の実力と親の期待のミスマッチは、そのままにしておくわけにはいきません。多くの大人が、努力すれば何とかなると勘違いしていますが、Aちゃんのようなタイプの場合、大人が一生懸命になるよりも、一生懸命にならないほうが、いろいろな力を獲得できるようになるのです。

子どもは誰でも、自分に合った環境のなかで過ごすことがいちばんです。Aちゃんの場合、まずは十分に満足する時間を確保することが重要です。いろいろなことができなくても、しばらくは指摘をせず、好きなようにさせてあげればいいでしょう。気になる場面を見ても、「そうじゃないよ」などと言わず、温かく見守っていけばいいのです。

満足感を十分に味わったあと、次はAちゃんの課題を一つひとつ見つけていきます。Aちゃんには落ち着きがなく、興味が移りやすい、不安になりやすい、過度なマイペース、コミュニケーションが成立しにくい、言語理解力が弱い、手指の操作性が不十分、発音が不明瞭などの課題が見られます。その一つひとつに、丁寧に対策を練っていけばいいのです。ただし、いきなり全部にアプローチするのではなく、一つか二つだけをピックアップして、まずはそれに集中してサポートしていきます。

　また、その前提として、Aちゃんを取り巻く環境をシンプルにすることも大切です。Aちゃんには、多動で気が散りやすいという特性（それを被転導性といいます）があります。その原因の一つに、周りに刺激が多すぎることが挙げられます。そのため、物を減らし、車のおもちゃはこの箱のなか、ままごとセットは別の箱のなかというように分け、Aちゃんがパッと見てごちゃごちゃしていない環境を作っていくといいでしょう。棚であれば、なかが見えないようにカーテンで覆い、壁のポスターも少なめにしていきます。話す際も、大きな声を出さず、一度にたくさん話さないようにします。そのうえで、Aちゃんにとって必要な課題に一つずつアプローチしていきます。

　例えば、絵本を読んでも内容に気持ちが向かない（興味が移りやすい）ようなら、なかにある文字をノートに書いてあげます。「さるの絵」を見ながら、それを囲むように「さ」「る」の文字を書き込み、文字で「さる」をかたどるのです。そうやって、本人の興味（文字）を尊重しながら、文字でかたどられた「さるの絵」と絵本に描かれた「さるの絵」を比較することで、Aちゃんはだんだんと本の内容にも興味がもてるようになるでしょう。

　また、力加減が難しければ、シンバルのマレットの玉の部分に布を巻き、どれだけ強く叩いても大きな音が出ないようにします。それで十分に発散してもらってから、今度は布をだんだん薄くしていきます。布が厚いものと薄いものの二種類で叩き比べて、音や感触の違いを感覚的に味わううちに、Aちゃんにはだんだん調整力が身についてくるでしょう。

　Aちゃんはきっといまの環境が合っていないのです。ちょっとのことですぐに不安になるのは、もっている力以上のことを期待されているからだと考えられます。誰だって、自分の実力よりも上のことを求められれば、情緒が不安定にもなるでしょう。

不安を解消させるためには、大人ができるだけ指示的・命令的にならないことが大切です。例えば、カスタネットは「こう叩くのよ」と最初から教え込むのではなく、自分の好きなようにカスタネットと戯れ、まるで獅子舞のように、口をパクパクさせるという遊びの時間を十分に過ごしたあとで、いい音が出る奏法を目の前でやってあげるだけで十分です。もちろん、子どものほうからやり方を聞いてきたら、丁寧に教えてあげればいいでしょう。

過度にマイペースなＡちゃんは、どの活動をおこなうときも、自分のペースで始まり、自分のペースで終わっています。そのため、どうしても活動の始まりと終わりが曖昧になってしまいます。歌や楽器を楽しんでいても、曲が最後までいかないうちに席を立ってしまいます。つまり、活動がどこで終わったのかがよくわからないため、集中力がなかなか身につきません。

そこで、まずはＡちゃんの集中が続く長さに活動を設定し、大人のペースでわかりやすく終わり（終点）を作っていきます。歌を歌ったら、終わった瞬間はシーンと静まり、そのあと拍手をすれば、終わりがとてもわかりやすくなります。終点の獲得は、幼児期の発達障害の子どもが気持ちを安定させ見通しがもてるようになるために、とても重要なことなのです。

2——他者視点が弱く、意図せず人を傷つけてしまう発達障害のBくん（小四、通常学級、男子）

◉経過

Bくんは、ASDとADHD（不注意）の特性が見られる小学校四年生の男の子です。知的な遅れはなく、IQは平均よりも少し高い程度です。口が達者で知識が豊富なため、よく「それ知っているよ。それはね……」などと自慢げに話をしてくれます。説明が始まると、理屈っぽくなかなか終わらないので、聞いているほうは飽きてしまいますが、そんなことはおかまいなしです。

口が悪いところがあり、友達が勉強でつまずいていると、「そんなこともわからないの？」「ばかじゃないの？」と言ってしまいます。たまたま、自分と目が合った子に「こっちを見るなよ。何もできないくせに……」と言ったことがあります。ほかにも、近づいてきた子に「汗くさいな。近寄るな」と言ったり、ほかの子のテストの点数を見て、「○○ちゃん、そんなにばかだったの？」などと言ったりします。人を非難しはじめると、興奮してどんどんエスカレートしていきます。

ほかの子が大人から注意を受けているのを見て、思わず笑ってしまうこともありました。とにかく、人を責めたり傷つけたりしてしまう言動が随所で見られるのです。当然、周りの子は、Bくんと関わりをもちたくないと思い、だんだんBくんの周りに人が寄ってこなくなりました。それでもBくんは、変わらない口調でほかの子の欠点を指摘しようとします。その態度によって、いよいよ周りに「いやな子」と思われてしまい、周囲から完全に浮いてしまいました。

それからのBくんは、面と向かってはいじめられないものの、靴や筆箱を隠されたり、教科書を破られたりと、いろいろないやがらせを受けるようになりました。しかし、Bくんはそれに対してきちんと向き合おうとはしなかったのです。母親は学校側に何度か相談をし、結果的にいやがらせは減りましたが、そのあともポツリポツリと続いていました。本人は何とかやり過ごせると思ったのでしょう。しかし、体は正直です。やがて、瞬きを頻繁にする、「うっうっ」と声が出るなど、チックの症状が出るようになってきました。また、ほかの子にちょっと体に触れられただけで大声で怒鳴るという、体の過敏さも見られるようになってきました。

Bくんには苦手なことがいくつかあります。視覚記憶は得意ですが、聞いて行動する（再生する）ことは苦手です。例えば、ハンドドラムで「トン　トト　トト　トン」というリズムを聞いて叩くことができません。単語を正確に覚えることも苦手で、「エレベーター」は「エベレーター」、「いとこ」を「いこと」などと言ってしまいます。「でんわ」を「でんま」と聞き間違えるなど、音を聞き分ける力（聴知覚）に課題があるのです。

体の使い方にもぎこちなさが見られます。積み木を積むときにしょっちゅう手からこぼれ落ちたり、積み上げた積み木に手が当たって倒してしまったりします。じゃんけんでは、「グー」「チョキ」「パー」の形をとっさに正確に出すことができず、どれかよくわからない形を出してしまいます。左右の意識も弱く、旗上げ遊びで「右上げて」と言っても、半数以上は左手を上げてしまいます。力の加減（運動のコントロール）も上手ではなく、急に大きな声を出したり、「もう少し小さい声でね」と言うと、聞き取れないほどの小声になってしまったりします。ドラムを叩く際も、強く叩きすぎるか、弱すぎるかのどちらかです。Bくんは、中間（ほどよさ）を表現することが難しいのです。

学習面では、不注意や読み・書き、計算の間違いが多く見られます。カタカナの読み方があやふやだったり（「ランドセル」をとっさに「ラーメン」と読む）、すごろくでコマを進めるときに、しょっちゅうますを飛ばしたりします（一対一対応が難しい）。数字を書くと「6」が鏡文字になっていたり、文章を書くと助詞が抜けていることがあったりします。また、自由作文では、りんごの皮をむいている絵を見て「お母さんに、やれと言われたから、しかたなくりんごのかわをむく」など、内容がネガティブになりました。ほかにも「人が死ぬ」「事故が起きる」などの言い回しを好んで使っていました。

母親はやや教育的で、人を見る際に、いいか悪いかで判断する（中間がない）傾向がありました。人にはいろいろな側面があるという発想がないのです。母親が不調だと、Bくんのチックも増加傾向にありました。母親の情緒が不安定になることも多く、それがBくんにも影響したものと思われます。

◉考察

以上のことから、Bくんには発達障害の特性が強く現れていることがうかがわれます。特に、他者視点をもちにくいことは、Bくんの生活に大きな影響を及ぼしています。Bくん自身は、悪気があるわけではないのに、ついそう言ってしまうのでしょう。あるとき、雑談（新型コロナウイルス感染症に関する話題）のなかで次のような発言がありました。

「学校でマスクを外している子がいる。その子の親は病院で仕事をしているから、ただでさえ感染しやすいのに、なぜそんなことを平気でするのか。信じられない」

Bくんとしては、まじめに発言したつもりだったのでしょう。しかし、「そんなことを言ったらまずい」ということは、多くの同年代の子ならすぐに理解できるはずです。他者視点が弱いBくんには、それがわかりません。むしろ、自分の正義を振りかざす格好の話題だったのかもしれません。このように、Bくんは、物の本質（科学的根拠がない、対象となりうる子どもが傷つく）がわからず、いったん立ち止まって冷静に考えることもできません。これから高学年になり、やがて中学生になったとき、いまのような振る舞いが続くと、さらにトラブルが増えることも予想されます。

つまり、発達障害の子どもは自分の失敗体験を今後に生かすことが苦手なのです。理由もよくわからないため、反省することができません。また、問題にきちんと向き合わず、曖昧にやり過ごそうとしてしまいます。結果的に、周りの子との接し方も、どんどんよくない方向にいってしまいます。そういう状況にいると、やがて心身に不調をきたすことにもなりかねません。何とか、この悪循環から抜け出さなければならないのです。

難しいところですが、まずできることは、Bくんの発言を叱ったり注意したりしないことです。相手の気持ちを考えない言動があれば、誰でも「おかしい」と言うのは当たり前のことでしょう。大人に叱られるか、相手ががまんしきれなくなるか、そのどちらかになるのは自然なことだと思われます。しかし、それでも叱らず、その発言からどういうことが起きたのかを、チャート図のようにわかりやすく説明していくのです。「あなたが、○○と言った」→「相手が怒った」→「帰った」と淡々と言えばいいのです。

それに加えて、この場合は、どうすればよかったか、ということも話していきます。あなたが言った「○○」ではなく、「△△」のほうが、相手はいい気持ちになれると伝えるのです。例えば、「太っている」ではなく「やさしい感じがする」「親しみやすい」と言ったほうが、相手は喜ぶと伝えます。もちろん、それだけでBくんが変わることはないでしょう。でも、このように言い続けていくのです。そして日頃から、大人自身が相手を否定するような会話を避け、相手のいいところや気持ちがいい話をたくさんするようにします。前述の病院勤務の子どものケースは、もしかしたら誰か大人の影響があったのかもしれません。ネガティブな発想は、発達障害の子どもに伝染しやすいのです。

おそらく、Bくん自身も、相手と楽しく過ごしたいという気持ちがあるはずです。しかし、その方法がわかりません。自分ばかり話していても満足できないのは、もしかしたら、「相手からも自分のことをいろいろ言ってほしい」と思っているからかもしれません。幸い、Bくんには、「こうすれば」→「相手が気持ちよくなる」ということを理解できる力（知的レベル）があります。それは大きな強みになります。つまり、コミュニケーションがうまくいく方法をスキルとして教えていくことが可能になってくるのです（友達が言った話をいったん繰り返す、など）。

また、Bくんの日頃の言動でいい部分があったら、積極的に褒めていくようにします。ネガティブな部分が目立つBくんですが、ポジティブな発言がゼロというわけではありません。それを見つけて「いいね」と言っていくのが、支援者や親の大事な仕事です。

Bくんは、思いついたことをすぐに口に出すところがあります。いったん、自分のなかにためることができないのです。これについては、人前で発表する機会を設けるといいでしょう。テーマを決めて、一分間スピーチをしてもらいます。そのとき、話す前に、二十秒間考える時間を設けます。その間に、頭のなかで内容をまとめる習慣を身につけさせるのです。それによって、「すぐに口から出る」が「いったん考えてから口に出す」へとだんだん変わってくるでしょう。

学習面に関しては、不注意や単純なミスは特性によるものと考え、叱責や注意はしないようにします。基本的におおらかに振る舞い、間違えたら、さりげなく正解を教えていきます。ことばで言うよりも視覚化するほうが入りやすいので、まずは書いて見せるといいでしょう。作文の内容がネガティブになったときは、「ほかにも、言えることはあるかな?」と別の考えを聞いていきます。そのなかにポジティブな内容が出てきたら、大いに評価すればいいでしょう。

身体的な不器用さについては、そのもののトレーニングよりも、日頃から粗大運動（大きな動作・運動）を取り入れることが有効です。ジョギング、アスレチックや公園の遊具での遊び、サッカーやバドミントンに誘うなど、いろいろと工夫していきます。また、鉄棒や跳び箱などの苦手な種目については、課題をやさしくしてもらう、別の種目に置き換えるなど、合理的配慮をおこなってもらうといいでしょう。

最後に、母親との関係です。大人（母親）は変わることが難しく、改善点をストレートに指摘しても、逆効果になることがあります。この場合、母親ではなく父親に事情を説明し、父親と適切な関係を築けるようにしていくといいでしょう。もちろん、母親に対しても、Bくんのがんばりや友達とのポジティブな関係について丁寧に説明しつづけ、「お母さんもよくがんばっている」と伝えることを忘れないようにします。

3——発達障害の特性が随所に見られる不登校のCくん（中一、通常学級、男子）

◉経過

Cくんは、発達障害の特性がある中学校一年生の男の子です。小学校五年生から登校渋りが見られるようになり、六年生にはほぼ学校に行かなくなりました。その後、中学に入ると、しばらくは通っていたものの長くは続かず、五月の大型連休明けに登校渋りが始まり、部活だけは参加していましたが、やがて夏休み明けには不登校状態になってしまいました。

＊小学生時代

五年生のとき、ある出来事が起きました。そのころCくんの保護者は市の教育相談を受けていましたが、担当の先生から「もしかしたら自閉スペクトラム症（ASD）では」と言われたのです。そのことばに母親はショックを受け、「自分の子どもがASDのはずはない」と、その後のサポートを一切受けなくなったのです。

この場合、担当者がもう少し柔らかい言い方をしたほうがよかったのかもしれません。障害名（ASD）は出さずに、「過度なマイペースで、人に合わせることが苦手なところがある」とか「人の気持ちを読み取ることが難しい」など症状を一つひとつ説明し、その対応策を一緒に話し合えば、母親は納得したかもしれません。ちなみに、Cくんは中学に入ってから、正式に発達障害（ASD、ADHD）の診断を受けました。

五年生で登校渋りが始まると、両親はCくんに対し、かなり強い調子で学校に行くよう促しました。何日かは登校しましたが、結果的にはその対応が不登校への道を早めてしまったのかもしれません。六年生になり、Cくんはほとんど学校に行かなくなりました。そして毎日、家でゲームをしたり動画を見たりして過ごしました。就寝時間もどんどん遅くなり、勉強も与えられたドリルや学校の宿題（五年生のもの）をときどきやる程度だったので、学力はみるみる下がっていきました。

その時期、担任はCくんとの関わり方に悩み、定期的に専門家に相談していました。そのなかで、無理に登校を促すようなことはせず、しかし何らかのやり方でCくんと接点をもつことを確認しました。その方法として、放課後に誰もいない教室で、担任と一緒の時間を過ごすことにしました。Cくんは、最初は戸惑っていたものの、だんだん受け入れて、やがて週に一、二度学校に行くようになりました。そこでは、勉強をするわけではなく、Cくんがゲームや好きなアニメの話をして、それを先生が聞き、あるいは先生の個人的な話（趣味の山登りなど）をCくんが聞くという、何でも自由に話せる時間を過ごしました。

二学期になると、Cくんは放課後登校で課題プリントをやり、わからないところを先生に聞くようになりました。また、話をしたり勉強したり、ゲーム（トランプ）をしたりと、このやりとりは卒業まで続くことになりました。授業には全く出席しなかったものの、Cくんは林間学校（小五）と修学旅行（小六）には参加し、卒業式にも出席することができました。継続的に続く活動への参加は難しいものの、一回限りの活動には参加することができたのです。

卒業式が終わり、小・中学校の先生で引き継ぎがおこなわれました。また、中学校に入学してすぐに、専門家を交えてケースカンファレンスをおこないました。小学校時代の様子や発達障害の特性などCくんの全体像を話し合い、今後どのような対応がとれるか、みんなで意見を出し合いました。

＊中学生時代

中学校に入ると、Cくんはほぼ毎日通うようになりました。そのことに保護者は大いに驚き、喜び、多少混乱しながらもいいことと捉えて、毎朝張り切ってCくんを学校に送り出していました。しかし、毎日登校するなかで、宿題や提出物、部活への入部など、いっぺんにいろいろなことが降りかかってきたのです。のちに親が語っていたところでは、この時期、つい気持ちがハイになり、欲張ってがんばらせてしまったということです。

それでも、四月は週に一日程度休みを取り、何とか学校生活を送ることができました。しかし、五月に入って大型連休が明けると、提出物、ノート、中間テストなどが次々に迫ってきて、Cくんは明らかにオーバーヒートぎみになってしまいました。部活は美術クラブに入り、最初は顧問にも相談し、自由に過ごしていました。しかし、途中から共同制作が始まると、人との関わりがうまくいかず、部活中に泣きだしたり、急に帰ってしまったりする様子が見られるようになりました。

母親は、勉強だけは何とかみんなについていってほしいと願っていました。そのため、調子の悪さが見られるようになっても、宿題や提出物をきちんと出すよう、口うるさく言っていました。五月の中旬には、「土日に提出物をがんばらせたら、本人がパニックになってしまった」と語っています。結局、中間テストは自信がある数学だけを受け、それ以外は受けませんでした。六月中旬になると、Ｃくんは「がんばって期末テストで成績を上げたい」「塾に行きたい」と言いだしましたが、翌朝になると「中学はきつい、つらい、行きたくない」と言うようになり、起きられない状態が続きました。

＊Ｃくんのプロフィール

そもそもＣくんはどのような子なのでしょうか。小学校の四、五年生のときに、授業中ボーッとしてしまい、先生の指示が入ってこないことがよくありました。宿題が何だったのかわからずじまいで帰宅し、親がよく学校に確認の連絡をとっていました。一見、みんなと一緒に過ごしているようで、周りの状況をよく理解していないことが多くありました。また、地道に取り組むことが苦手で、気持ちにムラがあるため、何をしても長続きしません。その半面、何か気に入ったことがあると、話しかけてもそれに集中し、ほかに意識が向かわないということがありました。

過度なマイペースで、友達との会話では、自分の好きなことは話すものの、相手が話し始めると「つまらない」と言ってその場から離れてしまいます。友達と公園で遊ぶのは、予測がつきにくいから嫌いだと語ることもありました。家で一人でゲームをやるほうがいいと言います。みんなが笑っているときに、話題に入って一緒に笑うということが苦手で、そういう雰囲気を察すると、すぐにその場から離れてしまいます。

小学生のときに、よくないことを注意されたり思いどおりにならなかったりすると、自傷行為や耳ふさぎなどをすることがありました。中学校に入ってからも、困ったことがあるとすぐに泣いていました。イライラがたまりやすく、疲れやすいため、昼間ボーッとすることもありました。学校への送り迎えの際、母親にくっつく、母親の体を叩くなど、幼児のように甘え、ストレスをぶつける様子も見られました。

学習面では、人と関わったり相手の心情を読み取ったりする力が弱いため、国語や英語などのコミュニケーション科目が苦手です。特に、長文読解には強い苦手意識をもっていました。早とちりも多く、文章の読み間違いは国語以外の教科にも及んでいました。心配した両親が学校に相談をして、小学校五年生のときにWISC－Ⅳ知能検査を受けたところ、平均よりも少し低い数値が出ました。ただ細かく見ていくと、ワーキングメモリーと処理速度の低さが顕著に見られました。

◉考察

Cくんの場合、小学校に行けなくなった時点から学校側はいろいろ考え、ときに専門家のアドバイスを受けながら対応してきました。しかし、それは不登校への対応であり、発達障害に焦点を当てることはなく、いまの段階に至っています。

Cくんにとっての主要な問題は、不登校ではなく発達障害です。不登校は、発達障害の二次障害と考えられます。例えば、Cくんには、過度なマイペース、状況の理解が難しい、不注意、臨機応変な対人関係が苦手、他者視点のなさ、相手と共感できない、情緒不安定、ストレスをためやすい、など、ASDやADHDの特性が複数見られます。本来なら、登校渋りになり始めた時期に、発達障害に対するサポートをおこなえばよかったのでしょう。しかし、それはかないませんでした。その要因はどこにあるのでしょうか。

まず一点目は、障害受容の問題です。不登校の問題では、どうしても学校に行かせたいという気持ちが優先されてしまいます。親も学校も、何とか行けるようにと一生懸命取り組んできました。そして、放課後登校など、先生の対応によってうまくいった部分もありました。行事に関しては、一般的にはクラスの子との関係ができていないと気後れして参加が難しくなるところですが、担任との日頃の信頼関係と、Cくん自身が他者への意識が弱かったことが幸いして、問題なく参加することができました。しかし、それは単発であり、その後の学校生活につながることはありませんでした。

そして、教育相談の件は影響が大きかったといえるでしょう。おそらく保護者自身もうすうすそのことに気づいていて、受け入れることに葛藤があったのかもしれません。現に、Cくんは幼稚園のころからほかの子とごっこ遊びをしなかったり、小学生（低学年）のときは休み時間にいつも一人でいたりすることが多かったのです。障害受容は難しいことですが、少なくとも特性に対して何らかの対応をしていれば不登校は防げたかもしれません。親が「自閉スペクトラム症（ASD）」ということばに拒否的な姿勢を示したことは、このケースの一つの節目になったことは否めません。

では、発達障害への対応とはどのようなものでしょうか。おおまかには二つあります。一つは、できることは自分でおこない、難しいことは、誰かの助けを得ながらでも最後までやり遂げるということです。これは、まさに「発達の最近接領域」の考えです。しかし、多くの場合、発達障害の子どもに対して、できないのに努力をさせたり、もうちょっとでできそうなのに手助けをしてしまったりするケースが多く、その結果、自己肯定感がなかなか育ちにくくなってしまうのです。中学校に入り、母親が「勉強だけは何とか……」と一生懸命がんばらせたことなどは、その典型といえるでしょう。

もう一つは、特定の大人との関係づくりをおこなうことです。相手と肯定的な気持ちを共有することが苦手なCくんにとって、たとえ一人でも信頼関係を作ることができれば、それをきっかけにほかの人との関係も広がってくる可能性があります。その意味では、小学校の担任はその役割を十分に果たしていたといえるでしょう。特定の大人との関係づくりは、中学生になったいまでも必要なことと考えられます。

ほかにも、配慮すべき点があります。例えば、授業への配慮です。板書や提出物、わかりやすい文章（箇条書き）、定期的な声かけなど、いわゆる合理的配慮をおこなうということです。特に、話しかけへの配慮が必要です。「大丈夫？」など曖昧なことばや理屈で説得することはできるだけ避けていく必要があるでしょう。また、課題に対しても、提出物の期限を延ばしたり、課題のレベルを下げたりすることを検討していくことが求められます。

情緒面では、もし本人が混乱したときは、ことばで励ましたり説得したりせずに、基本的に放っておき、自分で解決させるようにしていきます。そして、立ち直ったときには、何事もなかったように受け入れるのです。その場にいるのがつらいようであれば、どこか避難場所を作るといいでしょう（通級指導教室など）。また、日頃から、本人の負担にならない程度に係活動や手伝いを依頼することも有効です。普段と違うことを負担にならない程度におこなうことは、ASDの子にとって、柔軟性を獲得するための貴重な体験になるでしょう。

ほかにも、本人のいいところやがんばったところに注目し、褒めたり喜んだりすることも大切です。Cくんは不安傾向が強いため、部活のスタート時点のように、リラックスした雰囲気のなかで表現しやすい場を設定することが求められます。

また、Cくんとの関わり方として、本人の言動に大きく反応しないことが大切です。急に「塾に行って成績を伸ばしたい」と言い始めたとき、親は本人のことばを真に受けて、塾を探したり参考書を用意したりしたと言います。言っていることは、すべて本音とはかぎりません。本人も混乱していて、やりたい気持ちとできない気持ちが入り交じり、ときどきそのように発言してしまうのです。振り回されないよう、惑わされないようにするために、Cくんの気持ちを受け入れながらも、すべては受け入れないという姿勢が必要です。

不登校に対しては、親は焦らず、現状を維持しつづけていくといいでしょう。関わりすぎず、あまり見すぎず、ほどよい距離間を保ち、見守っていくだけで十分です。「学校に行きなさい」と言わず、家庭内をリラックスできる環境にしていきます。ゲーム三昧になろうと、動画ばかり見ていようと、基本的に認めていきます。どうせなら、親も一緒にゲームをすればいいでしょう。そして、親子がいつもいい関係になることを目指していきます。雑談でも、文句でも、愚痴でも、親に対して何でも言えるようになれば、いざ不登校から抜け出す時期がきたときに、その関係性が大いに役立つでしょう。

不登校によって、本来育つ部分が育ちにくくなっていることも事実です。小学校の高学年のギャングエイジと呼ばれる時期に他者との関わりが極端に少なくなると、その後の対人関係に大きく影響を及ぼすといわれています。現に、Cくんは中学校に入ってから、クラスの子と打ち解けることはありませんでした。また、いつも母親と一緒にいることで、母親と適度な距離がとれなくなったことも考えられます。幼児のように、母親をむやみに叩いたりくっついたりすることがそれを物語っています。ほかにも、学習面の遅れや同年代の子どもに比べて体力がないことも心配されます。

考えてみると心配なことばかりですが、焦ってもうまくはいきません。大事なことは、これ以上ストレスをため込まないことです。また、いつか復帰するときのために、多少は体力をつけておくといいでしょう。復帰したあとにも楽しめるような好きなこと（趣味）を育てていくことも大切です。

最後に親のことです。小学校の高学年から不登校が続いたCくんにとって、中学校入学後、いきなり毎日通い始め、しかも小学校よりもやることが大幅に増えたことは容易なことではなかったでしょう。生活習慣一つとっても、ゲーム三昧と朝寝坊をしていたわけですから、規則正しく生活することは相当負担が大きかったはずです。そもそも、不登校の子が急にポジティブになるときは、特に注意が必要です。親が舞い上がる気持ちはわかりますが、みんなと同じようにさせず、そこはもう少し慎重になるべきだったと考えられます。

また、母親はCくんに対し、幼少期にあまり手をかけられず、不登校になってから密に関わるようになったと言います。それは、Cくん自身が母親に対して、まだ幼い関わり方をしているところからもうなずけます。母親にとっては、育て直しをしているつもりなのでしょう。しかし、Cくんはもう幼児ではありません。育て直しといっても、年齢に応じた接し方が必要です。

いまの段階では、母親は依然としてCくんのほうばかりを見て、ちょっとしたことに一喜一憂しています。今後はそこから少し離れて、母親自身が自分の人生を楽しめるようになれば、Cくんの様子も少しずつ変わってくるのかもしれません。親子の関係性は、不登校にとても大きな影響を及ぼすのです。

4――不安傾向が強く、人への恐怖心がある不登校傾向のDくん（中二、通常学級、男子）

◉経過

Dくんは、中学校の通常学級（二年）に在籍しています。就学前に発達障害の診断を受け、のちに精神障害者保健福祉手帳を取得。現在は毎日学校に通い、勉強や部活（パソコン部）をがんばっていますが、そこに至るまでには長く険しい道のりがありました。

Dくんは、幼いころから対人恐怖の症状があり、自分に合う人、合わない人で、態度を大きく変えていました。少しでも口調が荒かったり、表情や言動がわかりにくかったりすると、すぐに怯えてしまい、泣きだしたり震えだしたりしてしまいます。また、早口でまくしたてるように話されると、その場から離れてしまうこともありました。逆に、この人なら大丈夫と思うと、どんどん話を始めます。話す内容は自分の好きな電車やゲームのことばかりですが、聞いてもらえる人がいれば、だんだん気持ちは安定してきます。話し相手は、子どもよりも大人のほうが話を合わせてくれるため、楽なようです。また、間違いや失敗にとても敏感で、それが許せないところがあります。

＊幼稚園時代

幼稚園では、みんなのなかに入って一緒に遊ぼうとした時期もありましたが、やりとりが続かず、ぎくしゃくしてしまい、輪からはずれて泣くということが続きました。それが徐々に、人への恐怖心につながっていったようです。

幼児期の後半から、登園をいやがるようになりました。特に集団場面が苦手で、輪のなかに入ると固まってしまい、その場を去ろうとします。劇の発表会では、練習の一部には参加したものの、本番は客席から様子を見ていました。特定の友達はいませんでしたが、幼稚園では、配慮によってみんなと同じことを求められなかったため、休み休み、何とか卒園まで通うことができました。

＊小学生時代

小学校に入ると、一学期は、まだ始まったばかりということもあって、表面的にはほかの子と同じように学校生活を送っていました。毎日、母親に付き添われて登校し、裏門でごたごたする様子が見られました。二学期になると、ほかの子どもたちが仲良くなりだしたこともあり、そのなかに入りづらくなって、登校時にぐずる場面が増えてきました。そして、だんだん登校渋りが見られるようになりました。

心配した母親は登校後も学校に残り、しばらく廊下でDくんの様子をうかがっていました。それに気づいた担任が、近くの空き教室を待機場所として提供してくれて、結局、下校時まで学校にいる日が続きました。相変わらず、自分の思いどおりにならないと大泣きする、廊下に出て母を呼びつけて当たり散らす（叩く、蹴る）などの様子が見られました。授業にも身を入れて参加することが難しく、学校側と相談して、二年生から通級指導教室を利用することになりました。通級の先生とは最初から気が合い、Dくんは鉄道の図鑑やプラレール、パズル、ゲームなど、興味があることをたくさん話すことができました。

安心できる場（避難場所）ができたことによって、通級指導教室の授業のときには、母親も家に帰ったり、買い物に行ったりすることができるようになりました。それでも、通常学級にいるときは、母親が近くにいる状態は変わりませんでした。対人関係では、少しでもうまくいかないと泣いたり怒ったりして、いつも不安そうな様子で過ごしていました。元気な子がいると「怖い」と言い、周りの子が小声で話しても「怖い」と言う……。Dくんにとって、通常学級は安心して過ごせる場ではなかったのです。母親にとっても、毎日学校にいることは大きな負担になっていました。そのため、学校側と話し合い、母親が学校に来なくてもすむよう補助員を導入し、空き時間の先生に入ってもらうようにしました。それによって、母親が来る日を減らすことができたのです。

しかし、そのようなサポートも学校側の事情でだんだん難しくなってきました。再び話し合いをもち、本人の了解を得て、三年生からは特別支援学級に移行することになりました。支援学級では、本人の話をよく聞き、多くを求めず、途中で休む時間も設けるなど、Dくんが安心できる環境づくりをおこなってもらいました。母親にも最初から離れてもらい、登下校のときだけ教室まで来るという約束をしました。それによって、母親の負担は大きく減ったのです。

このような環境で二年間たっぷり過ごし、Dくんの不安は少しずつ和らぎ、安心して登校できるようになりました。クラス内で、ほかの子がけんかをしたり叱られたりすると、少し不安定になる様子もありましたが、二年生のときに比べれば、「怖い」と言うことは減り、少し不安を覚えてもすぐに回復していました。この時期、学校生活への自信のようなものが少しずつ芽生えてきたことがうかがわれます。

学習面でも、特別支援学級の担任はDくんの興味が広がるような話題を提供し、本人が好きな教科（理科や社会）を中心に、ワクワクできるように教えてくれました。先生の説明を聞いたり、一緒に調べ物をしたりして、Dくんは学ぶことの楽しさを身につけていったのです。興味がある単元は、交流として通常学級の授業にも参加しました。なお、交流への参加は、本人の興味や受け入れ側（通常学級）の提案をもとにDくん自身が選択し、少しずつ増やしていくようにしました。

四年生の後半になり、気持ちが落ち着いてきたのを見計らって、再び通常学級に移行するための話し合いをもちました。そして、本人の気持ちも確かめて、五年生からは通常学級に戻ることになりました。五、六年の時期は、疲れがたまりそうなときにはあらかじめ休みを取ったり、再び通級指導教室に通ったりして、何とか卒業式まで過ごすことができました。通級指導教室では、先生と大好きな鉄道の話や新たに加わった趣味（高層ビル）の話で毎回盛り上がりました。林間学校や修学旅行には、三、四年生のときに在籍した特別支援学級の担任についてきてもらい、安心して過ごすことができました。

＊中学生時代

中学校には、一年生のスタート時からほぼ毎日登校しています。小学校高学年のときと同様に、ストレスがたまる前に自主的に休みを設けるようにしています。二年生になると、自ら進路についても考えるようになりました。将来なりたい職業を意識しはじめ（鉄道関係）、そのために地元の公立高校の名前を口にするようになりました。成績は平均よりも上で、がんばれば上位を狙える位置にいます。学力からすればもう少し上の高校も狙えそうですが、学校も親も、本人に無理をさせようとはせず、あくまでもいまのペースを大事にしています。部活にも八割程度参加し、顔を合わせたときに話す相手が二、三人いると言います。本人もそれくらいの緩い関係が心地よいと感じているようです。

◉考察

このケースでは、本人のがんばりと母親の粘り強い対応、そして周囲の適切なサポートによって、不安傾向や過度なマイペースが見られる登校渋りの子どもが毎日安定した学校生活を送るという、一定の成果を出すことができました。Dくんは幼稚園のころから登園渋りがありましたが、一般的に登園渋りになると周囲は動揺し、原因を探りたくなることでしょう。Dくんの場合、幼稚園で特に大きな出来事があったわけではなく、本人の特性によるところが大きかったものと思われます。

ただし、不安傾向は、発達障害の特性というよりは、周りの子どもがよくわからないことからくる二次的なものと考えられます。特に集団になると、そのダイナミックさに圧倒され、恐怖に感じることもありました。他者視点が弱く、相手に合わせることが難しいため、人と関わることがストレスになり、それが登園渋りにつながっていったのです。

不安は、そのままにしておくと、どんどん大きくなっていきます。より敏感に不安を感じるようになり、集団の場にいることのつらさにつながっていきます。また、子どもの不安は相手にも伝染しやすいため、この時期は母子にとって不安という共通項をもとにした「共依存」だった可能性が考えられます。共依存親子（尾木直樹『親子共依存』〔ポプラ新書〕、ポプラ社、二〇一五年）とは、お互いが必要以上に依存し合っている親子関係のことをいいます。それは、「母親に学校にいてほしい」「子どもが心配で家に帰れない」という、小学校の一時期の様子とも合致します。

特に母親は、共依存だけでなく、低学年の一時期に毎日を学校で過ごしたことで大きなストレスを感じていたことがうかがわれます。子どものネガティブな状態を目の前で見続けることは、当然心の負担になるでしょう。母親がこれ以上、ストレスをため込まないようにするために、周囲の大人が早めに学校から解放したことは、適切な対応だったといえるでしょう。

Dくんのようなタイプの子どもには、まずは「人」と「場」の安心感を作っていくことが必要です。「人」とは、Dくんに関わる大人のことを指します。この場合では、通常学級の担任はもちろんのこと、通級指導教室や特別支援学級、療育の専門家など、多くの人が関わったことが、その後の結果に結び付いたといえるでしょう。何しろ、通常学級の担任だけでは、担当するクラスの子どもの人数の多さや発達障害の子どもへの理解という点から、Dくんへの対応が難しかったことが予想されるのです。「人」には、当然母親との関係も含まれます。そのため、早期に母親の気持ちが安定し、ほどよい距離感がもてるようになったことは、Dくんにとって大きくプラスにはたらいたといえるでしょう。

「場」については、Dくんの場合、当面は少人数の場が望ましく、それも早い時期に対応できたことがよかったと考えられます。通級指導教室では、大人との一対一の場面もあれば、子ども二、三人の小グループの授業も設定されています。また、特別支援学級は一クラス数人であり、適切な規模と考えられます。

Dくんが早期に通常学級に復帰できた要因として、学習面への配慮も挙げなければなりません。特別支援学級（三―四年生）に在籍していた時期、担任はDくんの興味をよく理解し、毎日ワクワクするような特別授業を展開してくれました。それは、Dくんの知的好奇心をくすぐるのに十分な時間になりました。通常学級に戻ってから、知識は十分でなくても、勉強への意欲は誰にも負けない様子が見られたのは、そのような経験があったからでしょう。

もし、その時期に先生がまんべんなく教えていたら、人への信頼感も学習面もどちらも十分ではなかった可能性があります。好きな内容に存分に浸り、先生との穏やかなやりとりを経験することで、Dくんは知識とともに、大人を信じる力も獲得することができたのです。ちなみに、教科学習の遅れは、通常学級に戻ってから半年あまりで追いつくことができました。もともとの知的レベルとDくんの勉強への意欲がそうさせたと考えられます。

Dくんは中学校に入っても、いろいろな配慮を受けながら順調な日々を過ごしています。しかし、これでもう大丈夫というわけではありません。引き続き、安心して登校できる環境づくりをおこなっていく必要があります。中学校は教科担任制になっているため、担任だけではなく、各教科担任との連携も必要になってきます。不安傾向が強いDくんの苦手な関わり方をできるだけ避け、疲れたときは早めに対応してもらうなど、常に手厚い配慮をおこなっていく必要があるでしょう。

また、生徒同士が話し合いをする場でも配慮が必要です。そのような状況に慣れていないDくんは、学級やグループで意見を出し合う場面で負担を感じることもあるでしょう。「一人一言」などプレッシャーをかけることなく、また慣れた子をグループ内に入れるなどして、Dくんが参加しやすい雰囲気を作っていくことが大切です。

加えて、不安になったときや状況がよくわからないときに、Dくん自身に何らかの対応策を身につけさせることも必要です。例えば、これまでに困った場面を書き出して、中学校の通級指導教室の先生と一緒に一つひとつ対策を練っていってもいいでしょう。

Ｄくん自身、小学校五年生のとき、通級指導教室の先生に自分の困ったことを相談した経緯があります。相手の感情がなぜ変化するのかよくわからない、と先生に訴えたのです。それは、Ｄくん自身が誰かに相談したい気持ちをもっていたからこそ、そうしたのです。今後は、信頼できる人に相談して、それがいい結果につながったという経験を積み重ねていくことが大切です。それは、高校生や大学生、社会人になってからも必要な力だといえるでしょう。

以上、Ｄくんへの対応について考えてみました。なかには、多少過保護と思われる内容も含まれているかもしれません。しかし、それでいいのです。多めのサポートで気持ちが安定してくれば、自分でやれることが増えていき、その時点でサポートを徐々に減らしていけばいいでしょう。

さらに、自主性を育てるためには、家の手伝いでも部活でみんなと協力し合うことでも何でもいいので、人のために何かをする経験を積み重ねることが有効です。勉強に関してはいままでどおり、やりすぎず、あくまで本人の興味を尊重していくことが大切です。最終的に受験する学校は、成績ギリギリではなく、ある程度余裕をもって行けるところを選択するといいでしょう。

5——自己肯定感が低く、学校生活がうまくいかないEさん(高二、女子)

◉経過

Eさんは発達障害（ASD、ADHD）の特性をもつ高校二年生の女子です。知的レベルは平均よりも高く、中学生のころはクラスの上位にいました。音楽が好きで、幼いころから中学生までピアノを習っていました。就学前に発達障害の診断を受け、小学生のころから療育やカウンセリングを受けながら現在に至っています。高校生活はうまくいっているとはいえず、家族も巻き込んで、悩みが多い日々を過ごしています。

＊小学生時代

Eさんは小学校のころから、いろいろな面で生きづらさを感じていました。低学年のころは、活動の最中にふらっと離席するなど、集中が持続しない様子が見られました。また課題プリントをしている最中にほかの子の様子が気になり、集中できない様子も見られました。多動というわけではありませんが、いつもそわそわしていました。

いちばんの困り事は、気持ちのコントロールがうまくいかないことです。思いどおりにならないと、すぐにイライラしてしまうのです。トランプで負けそうになると、カードを投げて泣いたりすねたりしていました。その様子は高学年になっても変わらず、結果的に場の雰囲気を壊してしまうことがありました。学習面でも、わからないことがあると文句を言ったり、イライラして鉛筆の芯を折ったりすることがありました。

友達関係では、雑談をしているときについ変な間があいてしまい、やりとりがぎこちなくなってしまうことがありました。療育で「ジェスチャーゲーム」をすると、自分が演じることもほかの人が演じていることを当てることも苦手で、そのあたりに人とスムーズに関われない要因が表れているのかもしれません。それでも、Eさんにはときどき話をする相手が一人二人いました。勉強もさほどやらなくても、平均以上の成績を取ることができました。つまり、Eさんは全面的に自分を卑下していたわけではなく、ちょっとしたことですぐにイライラが生じるものの、何とか学校生活を送ることができたのです。

＊中学生時代

中学校に入っても、しばらくは小学生時代と同じ様子が続いていました。キレることは減ってきたものの、思いどおりにならないと、何かをずっと触っていたり、ノートに落書きをしながら、何とかその場をやり過ごそうとしたりしていました。また、思春期を迎え、だんだんほかの人が自分をどう見ているのか、ということを意識するようになってきました。他人のちょっとした言動や表情、態度が気になるようになってきたのです。

しかし、もともと人の気持ちを読み取ることが得意ではないため、どれだけ見ても相手のことがよくわかりません。そして、周りを気にしてばかりいるうちに、ストレスをため込むようになっていきました。そのあとは、気疲れしたのか、あまり人と関わらなくなってしまいました。

人との接点が減ってきたのと機を同じくして、Ｅさんは勉強に打ち込むようになってきました。いつも計画性がないため、両親に学習計画を立ててもらい、ほぼそれにのっとって勉強しました。母親は受容的で、本人が不安定にならないよう気を使うタイプでした。一方、父親は正しいことをそのままストレートに伝えるという、どちらかといえば理屈で説得するタイプでした。そのころはまだ親に対して反抗的にはなっておらず、Ｅさんは両親の提案を素直に受け入れて、受験勉強を進めていったのです。

もともと記憶力がよかったので、短期間にたくさんのことを覚えることができました。苦手なことは、答えがないもの（気持ちを自由に書いてみよう、など）、答えが一つでないものですが、受験勉強にはそのような課題は少なかったため、前向きに取り組むことができました。ちょっとのがんばりで結果が出ることは、Ｅさんにとって取り組みやすかったのかもしれません。

三年生になると成績はさらに上がり、そのころになると、特定の人と話をするようにもなっていました。相変わらず、両親には依存的でしたが、順調な日々が続きました。そして、希望の学校に見事合格することができたのです。

＊高校生時代

希望の高校に入学し、本人も両親もとても喜んでいました。最初のうちは勉強も順調で、得意の英語などに一生懸命取り組んでいました。ところが、一学期の後半になると、自分よりもできる子がちらほら周りに現れてきました。すると、それまでの上機嫌が一気に不機嫌へと変わっていったのです。学校に行くことが苦痛になり、毎日、できない自分と折り合いをつけるのに精いっぱいといった感じです。ほんの少し成績が下がっただけですが、Eさんにはそれが許せなかったのです。

歯車が一つ狂い始めると、ほかにも影響が及んできます。もともと計画的に勉強を進めることが苦手で、課題の提出が遅れがちになっていたので、両親にサポートしてもらっていました。しかし、さすがに高校生になると、そのサポートも限界があり、課題はたまっていく一方です。がんばれない自分に腹を立て、イライラしては、さらにやる気をなくすという悪循環に陥っていったのです。

一年生の中盤になると、誰かが雑談をしているだけでイライラするようになりました。「そんなつまらない話でよく盛り上がる……」「くだらない」と吐き出すように言い、友達との関わりはほぼなくなり、いつも一人でいるようになりました。Eさんは一人でいること自体、さほど苦ではないものの、相変わらず人目が気になり、自分のことを悪く言っているのではないかと懐疑的になる様子が見られました。

毎日がつらく、それでも学校では何とか平静を装い、休むことなく登校していました。そして、学校でがんばった反動は、家に帰ってから起きていました。ストレスを一気に発散すべく、情緒不安定になり、父親を無視し、母親に暴言を吐くといったことが毎日見られました。勉強にも手がつかず、スマホばかり見ていて、就寝時間もどんどん遅くなっていきます。両親は、これまでと同じように声をかけて手伝おうとしましたが、この時期のEさんは、それを受け入れることができませんでした。話しかけられると余計にイライラして、無視や暴言へとつながってしまったのです。

一年生・二学期の中間テストでは、成績が大きく下がってしまいました。それを気にしたEさんは、期末テストでは何とか挽回したいと思ったものの、やはり勉強には手がつきませんでした。いざ机を前にして座ると五分ももたず、すぐにスマホに手がいってしまいます。期末試験が近づいてきても、その様子は変わりませんでした。当然思うような結果を出せず、そのころからEさんは、いろいろなことに対して諦めモードになっていきました。学校には行くものの、やる気は出ず、授業中もときどき居眠りをするようになりました。

二年生の現在、家庭内の雰囲気は、以前にも増してどんよりとしたものになっています。気持ちが落ち込むと、「自分は何のために生まれてきたのか?」「勉強をする意味がわからない」と口にし、心配した両親は心療内科に相談し、気持ちが落ち着くための薬を処方してもらっています。イライラした様子は少し減ったようですが、不安な気持ちはまだ続いています。それでも、薬を処方されたことで、本人も両親も少し安心した様子が見られるようになっています。

◉考察

Eさんは、うまくいけばどんどんやる気が出るタイプです。発達障害の特性から、努力してうまくいくというよりも、もともともっている能力と、ちょっとした自信で伸びていくと考えられます。例えば、高校受験の時期には、さほど大きなストレスに見舞われず、やった成果が比較的早く出たことで、受験勉強や対人関係はとてもうまくいきました。もともと、もっている能力は高いほうなので、本人の頭のなかに、人よりもできた過去の成功体験が残っていたのでしょう。成果がすぐに出れば、Eさんはがんばることができるのです。誰でも、目の前にいい結果があり、リラックスできる環境であれば、実力どおりの力を発揮することができるでしょう。

そこに、Eさんと関わるヒントがあると考えられます。つまり、Eさんは小さな目標を達成し、しかも機嫌がよければいい結果を出せるのです。すなわち、本人が無理なくできそうな課題を提供すること、そして日常的にリラックスできる環境を整えてあげること、この二つを重視するのです。

もともと、Eさんのようなタイプは気持ちの揺れが激しいため、ストレスをためやすいという面があります。疲れれば、それだけネガティブな気持ちをもちやすくなります。そして、ちょっとでも気持ちがネガティブになると、そこから上がってくることがなかなかできません。

そもそも、Eさんは何かうまくいかないと、「ほんの少しだけがんばってみる」「どうすればいいか考えてみる」ということができません。努力しつづけることができず、すぐに諦めてしまいます。Eさんには、「答えの出ない事態に耐える力」「今すぐに解決できなくても、何とか持ちこたえていく力」（ネガティブ・ケイパビリティ）（帚木蓬生『ネガティブ・ケイパビリティ――答えの出ない事態に耐える力』〔朝日選書〕、朝日新聞出版、二〇一七年）が年齢相応に育っていないのです。

発達障害の子どもが、ネガティブ・ケイパビリティの力を身につけるのは容易なことではありません。彼らは、長期間耐えることやブルーな気持ちから立ち直ることがとても苦手なのです。せめて、ほんの少しだけ耐え、がんばることができれば、本人はどれほど生きやすくなることか。

耐える力、復活する力を育てるためには、「がんばれ」とか「耐えろ」などと求めるのではなく、まずは日常生活のなかで、安心してリラックスできる時間を増やすことが大切です。そう言うと、「そんなことは、いつもしているのでは……」と言われそうですが、実は全くその逆で、発達障害の子はイライラしていたり緊張していたりする割合が、ほかの子どもよりも圧倒的に高いのです。なかには、不登校で毎日家にいて、好きなことばかりしているにもかかわらず、全くリラックスできていない子もいます。周りの人は、何とか工夫して、子どもにリラックスしてもらう必要があるでしょう。どの家庭にも、何か安らぐための方法があるはずです。

また、本人の心をくすぐるように、共感することも有効です。好きなタレントがいれば、一緒にテレビを見ながら笑って楽しめばいいでしょう。Eさんは音楽が好きですから、一緒にコンサートに行き、うれしそうに感想を語り合えば、本人はきっと喜んでくれるはずです。

イライラしたときの対処法は、基本的に自分で解決するしかありません。そもそも思春期は、情緒面への対応がとても難しい時期です。特にEさんの場合、発達障害の特性も重なっているため、より慎重な関わりが求められます。頭ごなしに注意をしたり、理屈で説得したり、「大丈夫だよ」「よくあることだよ」「大したことはないよ」などと励ますことは、どれも適切ではありません。

この場合、周囲の大人は見守るだけで十分です。イライラの状態から徐々に落ち着いていくプロセスで、本人に解決法を見いだしてもらいます。大人はせいぜい、立ち直ったときに何事もなかったかのように振る舞えばいいでしょう。そうすることで、Eさんはだんだん困難を自分で解決する力を身につけ、ちょっとのことでは大きく崩れないようになってくるはずです。それは、ネガティブ・ケイパビリティの力が少しずつ身についていくことを意味します。

保護者については、まずは子どもとの距離感を大切にすることが求められます。Ｅさんの場合、両親とも距離感が近すぎる（見すぎている）傾向があります。この時期の子どもには、Ｅさんに限らず、見れば見るほど親は文句を言いたくなってしまいます。本来、子育ては年齢とともに見る割合を減らし、手助けを減らしていかなければなりません。Ｅさんの場合、小学校から心配事が絶えなかったせいで、両親は見る習慣が固定化されてしまったのかもしれません。

高校生に対する接し方の基本は、本人の言い分を時間をかけて聞き、それを決して否定しないことです。話を聞くだけで、諭すようなことはしません。「それもいいけど、こうやるともっといいよ」などとも言いません。手助けも確実に減らしていきます。試験が心配でも、中学生時代のように計画を立てたりせず、やるべきことを自分で考えさせます。結果的に、それがうまくいかなくてもいいのです。やる気が出ないのであれば、やる気が出るのを待つしかありません。

親が子どものほうばかりを向き、何とかしなければと必死に考えている時点で、子育てはうまくいかないのです。親が子どものほうを向かなくなれば（向く割合を圧倒的に減らせば）、子どもは気持ちが軽くなり、自分から行動することが増えてくるはずです。とにかく、この時期の親は黒子に徹するしかないのです。

そして、子どもが自分でいろいろなことをやり始めたら、ごく控えめに応援してあげます。できれば、子どもが親に相談できるような関係づくりをおこない、一緒に考えていければいいでしょう。相談といっても、愚痴を聞くくらいで十分です。つまり、思春期のベクトルは、子どもから親に向けられなければならないのです。

自分を語ることで、子どもはだんだん自分を客観的に見られるようになっていきます。多少無謀だと思われた言動も、徐々に身の丈のものに変わってくるでしょう。それは、本人が自分を語るなかで、だんだん自分のことや周りのことが整理されてくるからです。

そうはいっても、まだしばらくは頑なさや被害妄想、無気力、スマホ依存などの行動が見られるでしょう。しかし、それらに対して動揺する必要はないのです。子育ては、子どもの行動をすべて把握し、理由づけをし、対策を練るだけでうまくいくわけではありません。幼い子がぐずったときに、理屈で説明する親などいるでしょうか。それと基本は同じです。「なぜ」「どうして」と性急に答えを求めなくても、「仕方がない」「何とかなるさ」でカバーできることはたくさんあるのです。

そもそも、順調にいく子育てがそんなにいいのでしょうか。親の仕事は、子どもに迷惑をかけられることです。迷惑をたくさんかけた子のほうが、そのあと得ることもたくさんあることは、経験上多くの人が知っています。好きなことをたくさんやって、リラックスできる時間をたっぷり設け、家族で買い物に行ってお茶を飲みながらいろいろな話をして、イヌの散歩をして、一緒に山登りをして……そういう穏やかな時間を増やしていけば、Eさんの被害者意識もスマホ依存も、自然に解消されるでしょう。安定した気持ちをどれだけもてるかどうか。それが、本ケースの今後の大きな分かれ目になるでしょう。

６——人に話をするのが好きで、マニアックなタイプのＦくん（高三、男子）

◉経過

Ｆくんは、発達障害（ＡＳＤ、ＡＤＨＤ）の特性をもつ高校三年生の男子です。知的レベルが非常に高く、小学校四年生のときに測定したＷＩＳＣ知能検査では、全体のＩＱが一三八。下位検査では「処理速度」の遅さが見られました。小学校一年生のときに発達障害（ＡＳＤ、ＡＤＨＤ）の診断を受け、その後、精神障害者保健福祉手帳を取得。小・中学生のころは対人関係のトラブルが多少あったものの、早期から手厚いサポートを受け、高校三年生の現在、順調な毎日を過ごしています。

＊小学生時代

Ｆくんは、低学年のころからいろいろなことに興味をもち、没頭するとその世界からなかなか抜け出すことができませんでした。例えば、虫の図鑑を読み始めると、先生が何度名前を呼んでも耳に入らず、体に触れてはじめて気づくということがよくありました。熱中するぶん、いろいろなことに詳しくなり、よく「虫博士」「鳥博士」などと呼ばれていました。

また、自分が知っていることを誰彼かまわず話す様子がよく見られました。虫の話をしはじめると、次々にいろいろな虫の話題が出てきて、なかなか終わりません。それでも、Fくんの話しぶりは結構面白く、聞いているほうも飽きることはありません。もちろん、話している本人がいちばん楽しそうでした。

Fくんは、友達にクイズを出すのが好きでした。クイズといっても、自分で考え、誰も答えられそうもないような問題を出しては、「残念。答えは○○でした」などと一人楽しそうにしていました。あるいは、自分で作ったゲームを長々と説明し、説明だけで休み時間が終わってしまうこともありました。それでも、Fくんは友達に嫌われることはなく、また次の日になると、同じようにFくん主体のクイズ大会がおこなわれるのです。不思議なことに、Fくんの周りにはいつも人が集まってきました。

それは、Fくんの話が面白いからなのかもしれません。話し始めると、一つのことをどんどん掘り下げていきます。鳥のことを話しているときは、鳥になりきってさえずるように声を出していました。

もちろん、すべてが順調というわけではありませんでした。誰かがしゃべっていると、すぐにFくんが割り込んで話すため、なかには不満をもつ子もいたでしょう。反対に、自分がしゃべっているときに誰かが話しだすと、とたんに不機嫌になり、「お前、うるさい、ばか」などと言うこともありました。人に手を出すことはありませんでしたが、このような「自分が……自分が……」という態度は、六年生の初めごろまで続いていました。

Fくんは勉強（国語を除く）が得意で、授業中に先生から課題が与えられてもすぐに終わってしまいます。暇になると、まるで先生のように他児の様子を見て回り、まだ考えている子に答えを教えたりします。先生から注意を受けるといったんは席に着きますが、しばらくするとまた机間巡視を始めていました。

Ｆくんには、周囲に刺激が多いと気が散りやすい面がありました。五年生のときに、数学検定の試験を受けたときのことです。試験会場がたまたま語学学校の教室で、壁に張ってあった興味深いポスターに目がいってしまい、試験時間の半分近くをポスター観察に費やしてしまいました。それでも、試験には合格することができました。

Ｆくんには、幼いころから、身体面での課題がたくさんありました。多動というほどではないものの、じっとしていられないことがよくありました。たいていは、何かが目に入り、それを見にいくといった感じです。始終体が動いているため、ダンスなどでポーズを決めるときも静止ができず、フラフラと動いてしまいます。また、持ち物を整理したり片づけたりすることが苦手で、机の周りはいつも雑然としていました。ほかにも、漢字の書き取りなど、単純作業に人よりも時間がかかっていました。

動作を伴う遊びが苦手で、三、四年生のときにおこなった「あっちむいてホイ」では、いつも「チョキ」ばかり出して、毎回相手に負けていました。とっさに「グー」や「パー」を出すことができなかったのです。また、お手玉やけん玉、縄跳びなどは全くできず、みんながやっていても挑戦しようとはしませんでした。そのような様子を心配した父親は、Ｆくんを近くのアスレチックに誘い、一緒に汗だくになって遊ぶ機会を設けました。父親が一生懸命やっている姿を見て、Ｆくんも負けじとがんばる姿を見せていました。

五年生のとき、ジェスチャーゲームで「イヌの散歩」というテーマを演じたとき、Fくんはイヌのリードを引っ張る動作ばかりしていて、周りの子は何をしているのかさっぱりわかりませんでした。描画では、乗り物や街並みは遠近法を用いてわかりやすく描くものの、人物を描くと常に棒人間（顔を○、胴体手足を棒で描いた人物）になってしまいました。また、誰かが冗談を言っても、意味がわからなかったり、まじめに受け取ってしまったりして、冗談に乗れない様子が高学年まで続いていました。


両親は、幼児期からFくんの特性を受け入れ、医療機関で検査を受けたり、小学校の低学年から専門的な療育に通わせたりしていました。小学校にも入学当初に発達障害に関する資料を提出し、療育で提案されたサポート例をもとに、学校側と何度も話し合いをもちました。また、四年生からは、通級指導教室にも通い始めました。通級の先生と担任、療育の担当者が定期的に連絡をとりあい、Fくんのサポートについて学校側にいろいろな提案をしてきました（座席を刺激が少ない前列にしてもらう、教科書やノートなどを入れるFくん専用の箱を作ってもらう、など）。このように、両親は学校に対して積極的にはたらきかけをおこなっていったのです。

そのため、担任はどの先生もFくんの特性やサポートについてよく理解するようになっていました。そして、授業中に見られる過度なマイペースさや体のぎこちなさに対して、できるかぎりの合理的配慮がおこなわれました。先生はときどき、Fくんから「先生の授業はつまらない。説明も下手だし、わかりきったことばかり言う」などと言われていましたが、ストレートに注意することなく、常に安定した気持ちでFくんと向き合うことができたのです。

六年生になると、Fくんは少しずつ落ち着くようになってきました。不適切な言動や一方的に話す時間が減り、大人や友達のちょっとした冗談に対して「クスッ」と笑う様子も見られるようになったのです。このように、安定した状態で小学校生活を締めくくることができました。

＊中学生時代

中学校に入ると、Fくんは科学部に入り、毎日の勉強と大好きな科学の実験に没頭する日々が続きました。静電気や使い捨てカイロを作る実験など、部員たちとともにワクワクしながら取り組んでいました。中間・期末試験でもいい結果を出し、一学期はとても順調に過ごすことができました。

ところが、二学期になって、Fくんの言動に目をつけた何人かがFくんに絡むようになったのです。そのころのFくんは、体形が増え、体形が小太りになり、動きのぎこちなさがより目立つようになっていました。「偉そうにしゃべる」「何を言ってるんだかわからない」「不格好だ」「どんくさい」などと面白おかしくFくんのまねをしてからかう様子が連日見られたのです。そして、それはだんだんエスカレートして、ついにはFくんの動画を撮っては、クラスの子に転送するという事態にまで発展したのです。

Fくん自身は、何やら自分のことを言われているという感じで、さほど気にしている様子もありませんでしたが、それでも少しいやな気持ちで過ごしていました。その後、親しい保護者から聞いて事実が発覚し、両親はすぐに行動を起こしました。学校側と話し合いを積み重ね、関わった生徒を特定してもらい、相手から保護者同伴で謝罪を受けることができました。事態は短期間で収束させることができました。

実は両親は、中学校に入学する前から学校に足を運び、Ｆくんに関することを校長やコーディネーターに詳しく説明していたのです。そのため、中学校では入学当初から担任や教科担任、部活の先生が、Ｆくんの実態や対応についてとてもよく理解していました。早い段階から、Ｆくんに対する合理的配慮がおこなわれていたのです。そのことが、今回のからかいに対する迅速な対応につながっていったと考えられます。

その後のＦくんは、相変わらず好きなことはとことんおこない、ほかのことは最低限こなすという毎日を過ごしました。そして、三年生になると科学部の部長になり、ほかのメンバーの助けを受けながらも、新しい実験を企画するなど、「学校に行くのが楽しい」と思える毎日を過ごすことができました。Ｆくんにとって、部活は一、二年生のときよりもさらに大きな心のよりどころになっていたのです。成績は、国語こそ平均レベルでしたが、それ以外は常に上位で、高校は希望の進学校に進むことができました。

＊高校生時代

高校に入ると、マニアックな部分にさらに磨きがかかり、興味がある分野の本を次々と読むようになりました。登校すると、まずは図書室に出向き、その週に読む本を探すのが日課になっていました。たまたまＦくんと同じようなタイプのマニアックな生徒が三人いて、その人たちと一緒に過ごす時間が増えていきました。それぞれ興味の対象は違うものの、好きなことをとことん話すという点で気が合ったのでしょう。休日にはみんなで図書館に行き、専門店で共通の趣味（キャラクターのカードやフィギュア）を楽しんでは、帰りにファミリーレストランで話をするという、充実した時間を過ごしていきました。

Ｆくんは、中学校までは理数系の教科が得意でしたが、高校二年生になると、歴史に興味をもつようになりました。読む本も日本史や東洋史のものが増え、長期休みには父親に遺跡や城に連れていってもらうようになりました。学校には歴史関係の部活がなかったので、放課後に職員室を訪ねては、歴史担当の先生と話をするのが大きな楽しみになっていました。

高校時代は対人関係のトラブルはほとんどなく、少数の仲がいい友達との時間を楽しみながら好きな科目に没頭するという、満足感が高い学校生活を送っていました。両親は高校に入ってからも、すぐに学校側にＦくんの特性を説明し、担任や学年主任、コーディネーターと定期的に連絡をとりあっていました。何か起きたらすぐに対応できるよう、学校側との絆を深めていったのです。三年生の時点で成績は上位に位置し、現在は国立大学の文学部（史学科）への進学を目指して、受験勉強に励んでいます。

◉考察

Ｆくんはマニアックなタイプで、小学生のころから自分の好きなことにはとことん突き進む様子が見られました。何かに没頭すると、なかなか終われないというＡＳＤの特性と、刺激が多い場面では気が散ってしまうというADHDの特性が併存しています。つまり、発達障害の特性がとても強いということです。そのわりには、周囲から誤解されることが少なく、たいがいスムーズな学校生活を送ってきた様子がうかがわれます。一体それはどうしてなのでしょうか。

随所に見られた身体面のぎこちなさも、発達障害の特性の表れです。特に「あっちむいてホイ」などの動作をしながらとっさに考えるという「協応動作」や「即時反応」の課題、また、腕相撲の力加減がわからないという「運動のコントロール」「ボディーイメージ」の課題は、小・中・高と続く体育の授業などで少なからず影響が及んだことと予想されます。なお、知能検査で見られた処理速度（作業能力）の遅さに関しては、日常的に困り感をもつことはほとんどなかったようです。

運動面の苦手さは、本来ならFくんの生きづらさに大きく関わってくるはずです。しかし、Fくんにとっては、さほどマイナスの影響には結び付かなかったと考えられます。唯一、中学生のときに、動きのぎこちなさがからかいの対象になるという出来事がありましたが、それは主に言動や態度に対するからかいであって、動きそのものをばかにしたものではなかったようです。

イメージする力の弱さも、Fくんの特性の一つです。ジェスチャーゲームで、相手に伝わるように体で表現するためには、「相手側から見た視点」を意識しなければなりません。「イヌの散歩」では、まずイヌを連れていることを相手にわかってもらう必要があります。ところがFくんは、すでにイヌのリードを持っているという前提で、演技をスタートさせてしまいました。自分の視点だけで演じてしまえば、相手にはなかなか伝わりません。「これでは、相手はわからないのではないか」と考えられるのが「他者視点」です。Fくんは、この「他者視点」が弱く、だからこそ一方的に話しかけ、先生に対して「授業がつまらない」と言ってしまうわけです。

また、人物描写が「棒人間」になるのは、Ｆくんが人の動作や表情を読み取ることが苦手なことが大きく影響していると思われます。人にはいろいろな面があります。さっきまで笑っていた人が、急に神妙な顔をすることもあるでしょう。つまり、人の気持ちは刻一刻と変化するものであり、それを知るためには相手の表情を見続けることが必要になります。しかしＦくんには、そういう部分がよくわかりません。すなわち、人物を多面的・継続的に見ることが難しいのです。

このようなＦくんの数々の特性に対しては、何らかのサポートをしていくことが必要になってきます。それは、一般的に普通学校の先生には難しいでしょう。そのため、専門家に相談し、療育を受け、通級指導教室に通うというように、Ｆくんは初期の段階から、そのつど適切なサポートを受けてきました。そして、それらはどれも効果的だったと思われます。その証拠に、Ｆくんは学年が進むにつれて、人とのやりとりが柔らかくなり、不適切な言動も確実に減っていったのです。

とはいうものの、サポートを受けるだけで、もともとの特性が大きく変わるわけではありません。そもそもそれは無理なことなのです。そのため、サポートと同じくらい大事にしてきたことがあります。それは、Ｆくんの「長所」を存分に生かしていったということです。

実は、Ｆくんのマニアックでマイペースなところは、長所にも短所にもなっています。小学生のころは、とにかく自分が知っていることを人に話し、それで満足感を得ていました。自分が知っていることは相手も知りたいことだと思い込んだり、自分が情報を伝えることで相手が喜んでくれるはずだと思っていたりするところは、ある意味、問題（短所）といえるかもしれません。

しかし、Fくんの驚くべき知識と屈託ない態度に、周りの人があれよあれよと巻き込まれていったことは、注目に値します。話がマニアックすぎて何を言っているのかよくわからなくても、そんなに苦でなかったということは、Fくんがもつ圧倒的なエネルギーがそうさせたといっても過言ではないでしょう。

Fくんは、自分のペースを崩されるとイライラすることがありました。しかし、それは徐々に改善されていきました。何よりも、文句を言うことはあっても、周りの人を不安な気持ちにさせることはありませんでした。そこが、発達障害の子どもが他者に受け入れられるかどうかの大きな分かれ目になるところです。

発達障害の子どもは、どうしても「キレすぎて」しまい、あるいは「しつこすぎて」しまって、相手に恐怖感や嫌悪感を与えることが多くなってしまいます。そうなると、そのあとの関係性はとても気まずくなり、やがて周りの人が離れていってしまうのです。しかし、Fくんは、一方的ではあるものの、楽しそうに話をし、相手を不安にさせるどころか、楽しい時間を演出することができました。自分が楽しければ、相手も楽しい。相手が楽しければ、自分も楽しい。Fくんと周りの子どもたちには、そのような相互関係が成立していったのです。

発達障害の子どもは、その特性から対人関係のトラブルが生じやすく、人から注意をされたり叱られたりして、どうしても被害者意識が強くなってしまいます。しかし、Fくんにはそういうところが全くありません。Fくんの育ちにとって、人との穏やかな接点が長期間続いてきたことは、大きな「安心感」をもたらしたといえるでしょう。その「安心感」が、中学から高校にかけてもFくんの学校生活を全面的に支えることになりました。中学校時代にはトラブルがあったものの、それを乗り越え、そのあとは、それまで以上に自分らしさを発揮するようになりました。Fくんが物おじせず、誰にでも（部活の仲間、歴史担当の先生）話しかけられるようになったのは、そういう経験からきているのでしょう。

からかいの件については、そのとき両親がとった行動は本当にすばらしかったと思います。トラブルを曖昧に処理せず、誰が見てもわかりやすい「謝罪」で解決したことは、Fくんにとって納得できる「終点」になりました。発達障害の子は、納得すればきちんと前に進むことができるのです。両親もそれをわかっていたからこそ、このような解決法を目指したのだと思います。

結局、発達障害の子どもは、「少し変わった人」として生きていけばいいのだと考えます。過度にマイペースでも、自分だけが満足するのではなく、相手にも幸せをもたらしていく……。ときどき、マイペースすぎてその場の状況からはずれてしまっても、それが周囲から許されれば、すぐにみんなと同じ土俵に戻ってこられる……。そういう環境であれば、スムーズに生きていくことはそんなに難しくないのかもしれません。

それは、守られた環境といえるでしょう。でも、それでいいのです。うまくいくという経験を積んでいけば、多少は周りの人への意識も生まれてくるでしょう。また、親近感も湧いてくるでしょう。それは、小学生のときに冗談がわかるようになり、中学生のときに科学部の部長を務め、高校生のときに親しい仲間ができたことに、よく表れています。人は人と違っていても、話や態度が面白ければ、一定数の人を魅了することができるのです。発達障害の人は、もしかしたらそういう姿を目指したらいいのかもしれません。

最後に、両親のことに触れなければなりません。Fくんのケースに一貫して見られるのが、両親の全面的なサポートがあったことです。小学校時代はもちろんのこと、中学・高校とあらゆる場面で、両親は学校側にFくんの情報を開示し、サポートを提案し、Fくんを学校全体で守ってもらうよう、積極的なはたらきかけをおこなってきました。そのパワーには、頭が下がる思いです。

ややもすると、親は学校に発達障害があることを言わず、何か起きてから「実はうちの子は……」と言いだすケースが多いなか、Fくんの両親は、潔いほどオープンにして情報を共有してきました。多数の教師を巻き込んでいく両親の姿は、何かFくん自身の姿を彷彿とさせるところがあります。

Fくんは、大学生になっても社会人になっても、きっと同じような生き方をしていくでしょう。発達障害の人は、周りに応援してくれる人がいて、自分のペースをおおらかに受け入れてもらい、たとえ少数でも仲がよい友達がいれば、Fくんのように定型発達の人と何ら変わりない人生を歩むことができるのかもしれません。

引用・参考文献

青木省三『ぼくらの中の発達障害』筑摩書房、二〇一二年
ドナ・ウィリアムズ『自閉症だったわたしへ』河野万里子訳（新潮文庫）、新潮社、二〇〇〇年
E・ショプラー／佐々木正美監修『自閉症の療育者――TEACCHプログラムの教育研修』神奈川県児童医療福祉財団、一九九〇年
小西行郎『発達障害の子どもを理解する』（集英社新書）、集英社、二〇一一年
帚木蓬生『ネガティブ・ケイパビリティ――答えの出ない事態に耐える力』（朝日選書）、朝日新聞出版、二〇一七年
原仁／高橋あつ子編著『イラスト版自閉症のともだちを理解する本――いっしょに学ぶなかよし応援団』合同出版、二〇一〇年
本田秀夫『自閉症スペクトラム――10人に1人が抱える「生きづらさ」の正体』（SB新書）、SBクリエイティブ、二〇一三年
本田秀夫『自閉スペクトラム症の理解と支援――子どもから大人までの発達障害の臨床経験から』星和書店、二〇一七年
本田秀夫『発達障害――生きづらさを抱える少数派の「種族」たち』（SB新書）、SBクリエイティブ、二〇一八年
本田秀夫『あなたの隣の発達障害』小学館、二〇一九年
本田秀夫『子どもの発達障害――子育てで大切なこと、やってはいけないこと』（SB新書）、SBクリエイティブ、二〇二一年
本田秀夫『学校の中の発達障害――「多数派」「標準」「友達」に合わせられない子どもたち』（SB新書）、SBクリエイティブ、二〇二二年
伊藤健次編『新・障害のある子どもの保育 第3版』（新時代の保育双書）、みらい、二〇一六年
加茂聡／東條吉邦「発達障害と不登校の関連と支援に関する現状と展望」「茨城大学教育学部紀要（教育科学）」第五十九号、茨城大学教育学部、二〇一〇年

加藤博之『子どもの世界をよみとく音楽療法――特別支援教育の発達的視点を踏まえて』明治図書出版、二〇〇七年
加藤博之／藤江美香『障がい児の子育てサポート法』青弓社、二〇一三年
加藤博之『ソーシャルスキル「柔軟性」アップ編』(「〈特別支援教育〉学びと育ちのサポートワーク」第五巻)、明治図書出版、二〇一五年
加藤博之『こんなときどうする?発達が気になる子への指導・支援Q&A100――親も教師も悩み解決!』(特別支援教育サポートBOOKS)、明治図書出版、二〇二〇年
丸山美和子『LD・ADHD、気になる子どもの理解と援助』(保育と子育て21)、かもがわ出版、二〇〇二年
丸山美和子『小学校までにつけておきたい力と学童期への見通し』(保育と子育て21)、かもがわ出版、二〇〇五年
宮口幸治『ケーキの切れない非行少年たち』(新潮新書)、新潮社、二〇一九年
宮尾益知監修『ASD(アスペルガー症候群)、ADHD女性の発達障害〈就活/職場編〉』(親子で理解する特性シリーズ)、河出書房新社、二〇一九年
成重竜一郎『不登校に陥る子どもたち――「思春期のつまずき」から抜け出すためのプロセス』合同出版、二〇二一年
中川信子『健診とことばの相談――1歳6か月児健診と3歳児健診を中心に』ぶどう社、一九九八年
尾木直樹『親子共依存』(ポプラ新書)、ポプラ社、二〇一五年
岡本夏木／清水御代明／村井潤一監修『発達心理学辞典』ミネルヴァ書房、一九九五年
岡田尊司『発達障害「グレーゾーン」――その正しい理解と克服法』(SB新書)、SBクリエイティブ、二〇二二年
大木紫「生物学的に見た男女差――脳と行動への影響」「杏林医学会雑誌」第四十九巻第一号、杏林医学会、二〇一八年、二一―二五ページ
佐々木正美『佐々木正美の子育て百科2――入園・入学後、子どもの心はどう成長するか』大和書房、二〇二〇年
杉山登志郎『子育てで一番大切なこと――愛着形成と発達障害』(講談社現代新書)、講談社、二〇一八年
杉山登志郎／白柳直子『教えて発達障害・発達凸凹のこと』IAP出版、二〇二一年
田島明子『障害受容再考――「障害受容」から「障害との自由」へ』三輪書店、二〇〇九年

田中哲／藤原里美監修『発達障害のある子を理解して育てる本』（ヒューマンケアブックス）、学研プラス、二〇一五年
上野一彦『ササっとわかる最新「LD（学習障害）」の子育て法』（図解大安心シリーズ、見やすい・すぐわかる）、講談社、二〇〇八年
梅永雄二『自閉症の人のライフサポート――TEACCHプログラムに学ぶ』福村出版、二〇〇一年
梅津敦子『発達に遅れのある子の親になる――子どもの「生きる力」を育むために』日本評論社、二〇〇二年
宇佐川浩『障害児の発達臨床とその課題――感覚と運動の高次化の視点から』（「淑徳大学社会学部研究叢書」第七巻）、学苑社、一九九八年
宇佐川浩『障害児の発達支援と発達臨床――発達臨床心理学からみた子ども理解』全国心身障害児福祉財団、二〇〇一年

［著者略歴］
加藤博之（かとう ひろゆき）
筑波大学大学院教育研究科カウンセリング専攻修了
学校心理士、ガイダンスカウンセラー、日本音楽療法学会認定音楽療法士、リハビリテーション修士
小学校、特別支援学校、昭和音楽大学の教員を経て、発達支援教室ビリーブ代表、文教大学非常勤講師、立正大学非常勤講師
著書に『子どもの豊かな世界と音楽療法――障害児の遊び＆コミュニケーション』『子どもの世界をよみとく音楽療法――特別支援教育の発達的視点を踏まえて』『〈特別支援教育〉学びと育ちのサポートワーク』第1－8巻、『親も教師も悩み解決！こんなときどうする？発達が気になる子への指導・支援 Q&A100』（いずれも明治図書出版）、共著に『音楽療法士になろう！』『障がい児の子育てサポート法』（ともに青弓社）など
発達支援教室ビリーブ（http://www.believe-kids.com/）

がんばりすぎない！発達障害《はったつしょうがい》の子《こ》ども支援《しえん》

発行――2023年9月19日　第1刷
定価――1800円＋税
著者――加藤博之
発行者――矢野未知生
発行所――株式会社青弓社
〒162-0801 東京都新宿区山吹町337
電話 03-3268-0381（代）
http://www.seikyusha.co.jp
印刷所――三松堂
製本所――三松堂

ISBN978-4-7872-3526-8　C0036

加藤博之／藤江美香

音楽療法士になろう！

自閉症や知的障害など発達に壁がある子どもたちの成長を音楽活動を通して手助けし、生涯を通じて豊かな社会生活を送ることができるように援助する音楽療法士になるための入門書。定価1600円＋税

内田利広／内田純子

スクールカウンセラーという仕事

不登校やいじめなどの問題が山積する学校現場に欠かせないスクールカウンセラー――。子どもや保護者へのカウンセリング例、配置状況、雇用形態などの実情を多面的に解説する。　定価1800円＋税

石川瞭子／水野善親／佐藤量子／藤井茂樹 ほか

スクールソーシャルワークの実践方法

学校環境や家庭環境の悪化に伴って課題をかかえている児童・生徒の教育を受ける権利を保障し、地域の多機関と連携して支援する具体的な方法を実践者や研究者が提言する。　定価2000円＋税

石川瞭子／吉村仁志／鈴木恵子

児童・生徒の心と体の危機管理

精神病様症状や多動性障害・学習障害をはじめ、育児ネグレクトや性的虐待、いじめや校内暴力、少年犯罪などの多数の事例を紹介しながら危機への対応方法を具体的にガイドする。　定価2000円＋税